내 손으로 만드는 나만의 놀이책

뚠뚠둥이의 키득키득 종이놀이북

서경남 지음

다락원

지은이 서경남
그린이 서경남
펴낸이 정규도
펴낸곳 (주)다락원

초판 1쇄 발행 2023년 11월 22일
  4쇄 발행 2025년 8월 20일

편집 조선영
디자인 싱아

다락원 경기도 파주시 문발로 211
내용문의 (02) 736-2031 내선 276
구입문의 (02) 736-2031 내선 250~252
Fax (02) 732-2037

출판등록 1977년 9월 16일 제406-2008-000007호

Copyright © 2023, 서경남

저자 및 출판사의 허락 없이 이 책의 일부 또는 전부를 무단 복제·전재·발췌할 수 없습니다. 구입 후 철회는 회사 내규에 부합하는 경우에 가능하므로 구입문의처에 문의하시기 바랍니다. 분실·파손 등에 따른 소비자 피해에 대해서는 공정거래위원회에서 고시한 소비자 분쟁 해결 기준에 따라 보상 가능합니다. 잘못된 책은 바꿔 드립니다.

ISBN 978-89-277-4795-6 (13630)

http://www.darakwon.co.kr
다락원 홈페이지를 통해 인터넷 주문을 하시면 자세한 정보와 함께 다양한 혜택을 받으실 수 있습니다.

PROLOGUE
작가의 말

안녕하세요. 종이놀이 콘텐츠 크리에이터 뚠뚠토이입니다.

저는 그래픽 디자이너로 활동하고 있었어요. 그러던 어느 날, 딸이 종이로 만들기 놀이를 하는 모습을 보게 되었죠. 엄마로서 아이에게 더 다양하고 재미있는 만들기 도안을 직접 제작해 선물로 주고 싶었어요. 그래서 열심히 도안을 만들어 주었는데, 다행히도 아이가 무척 좋아했어요. 그 모습을 보니 다른 아이들에게도 즐거운 놀이를 공유하면 좋겠다는 생각이 들었죠. 그렇게 〈뚠뚠토이〉 채널을 시작하게 되었어요.

사실 단순한 장난감 도안을 만들 수도 있었지만, 만들기에서 끝나지 않고 재미난 이야기도 덧붙였으면 하는 마음에 스토리를 갖춘 책 형태의 도안을 만들었어요. 부모님, 형제자매, 친구들과 이런저런 역할놀이를 할 수 있도록요.
그리고 역할놀이를 통해 서로 이해하고 공감하며 이야기를 나눌 수 있게 다양한 성격의 매력 만점 뚠뚠토이 캐릭터들을 탄생시켰어요.

이런 제 마음이 전달됐는지, 많은 분의 응원과 사랑을 받을 수 있었어요. 그 덕분에 이렇게 《뚠뚠토이의 키득키득 종이놀이북》까지 출간하게 되었답니다. 이 자리를 빌려 정말 감사하다는 말씀 전하고 싶어요.

《뚠뚠토이의 키득키득 종이놀이북》은 역할놀이가 가능한 종이놀이북 도안 10종을 모아 놓은 도안집이에요. 책 속의 도안을 코팅하고, 오리고, 붙이면 나만의 종이놀이북이 완성된답니다. 책에 자세한 설명과 사진뿐만 아니라 만들기 영상까지 있어서 누구나 쉽고 재미있게 만들 수 있을 거예요. 참! 오직 책에서만 만날 수 있는 미공개 도안도 있으니, 여러분만의 엉뚱하고 기발한 역할놀이로 재미나게 즐겨 주세요!

자, 지금부터 귀염둥이 뚠뚠 친구들과 함께 재미있는 만들기를 시작해 볼까요?

크리에이터_ 뚠뚠토이 서경남

모든 도안은 책에 맞춰 재작업했기 때문에
만들기 사진, 영상 속 도안과 일부 다를 수 있습니다.

차례

프롤로그　작가의 말 ⭐ 3

뚠뚠토이와　01　재료 준비하기 ⭐ 6
만들기　　02　만들기 기호 살펴보기 ⭐ 9
준비하기　03　뚠뚠토이 친구들 만나기 ⭐ 10

PART 1　뚠뚠토이 종이놀이북 만들기 ⭐ 12

01
룰루랄라~ 캠핑장으로 떠나요!
캠핑카 종이놀이북 ⭐ 14

02
우와~ 바다가 우리를 부른다!
바다 여행 종이놀이북 ⭐ 18

03
꼬끼오~ 꼬꼬 친구들을 만나요!
계란프라이 종이놀이북 ⭐ 24

04
나쁜 호랑이는 출입 금지!
**해와 달 오누이의
떡 카페 종이놀이북** ⭐ 30

05
두근두근 떨리는 첫 심부름!
뚠뚠마트 종이놀이북 ⭐ 34

06
삐뽀삐뽀- 구급차가 달려갑니다!
젤리곰 병원 종이놀이북 ⭐ 40

07
귀여운 친구들~ 여기 여기 모여라!
햄스터 유치원 종이놀이북 ⭐ 46

08
귀염둥이 공주와
카리스마 왕비의 만남!
백설공주 종이놀이북 ⭐ 52

09
손님, 머리 예쁘게 해드릴게요~
신데렐라 미용실 종이놀이북 ⭐ 58

10
신비로운 숲속 선녀탕으로 오세요~
**선녀와 나무꾼의 목욕탕
종이놀이북** ⭐ 64

PART 2 　뚠뚠토이 종이놀이북 도안 ⭐ 70

재료 준비하기

종이놀이북을 만들기 전에 필요한 재료들을 살펴보아요. 어떤 재료가 필요하고, 또 그 재료들을 언제 사용해야 하는지 미리 확인하면 만들기가 좀 더 쉬워질 거예요.

도안 코팅하기

손코팅지

코팅 기계가 없어도 손코팅지만 있으면 손쉽게 코팅할 수 있어요. 코팅지 뒷면의 비닐을 떼어 낸 다음, 접착 면을 도안 위에 겹쳐 붙이면 돼요.

+Tip 비닐을 떼고 붙일 때, 정전기로 인해 코팅지가 종이에 척 달라붙어요. 그러면 원래 붙이려던 곳과 다른 곳에 붙을 수도 있답니다. 비닐을 조금만 벗기고 도안 위에 위치를 맞춘 다음, 나머지 비닐을 떼어 주면 실수하지 않고 붙일 수 있어요.

투명 박스테이프

일상생활에서 흔하게 쓰는 투명 박스테이프로도 코팅할 수 있어요. 특히 접어야 하는 도안이나 작은 소품 도안들은 투명 박스테이프로 코팅하면 좋아요. 코팅지보다 얇아서 놀이할 때 소품을 붙였다, 떼었다 하기 편해요.

도안 오리기

가위

대부분의 도안을 오릴 때 사용하는 도구예요. 내 손에 딱 맞고 잡기 편한 가위를 준비하면 도안 오리기가 편할 거예요.

칼, 커팅 매트

칼은 주로 도안에 칼집을 내거나 구멍을 뚫어야 할 때 사용해요. 이때 책상에 커팅 매트를 깔면 도안이 움직이지 않고 책상에 흠집이 남지 않아요.

+Tip 칼은 위험하니까 꼭 주의해서 사용하거나 어른의 도움을 받아요.

🍓 도안 붙이기

풀
주로 코팅하지 않은 종이끼리 붙일 때 사용해요.

+Tip 물풀을 사용하면 종이가 울퉁불퉁해져서 딱풀을 추천해요.

투명테이프
우리가 일상생활에서 흔하게 쓰는 투명테이프예요. 책 도안끼리 연결하거나 책 도안에 소품 도안을 겹쳐 붙일 때, 또는 소품을 만들 때 사용해요.

+Tip 투명테이프 전용 디스펜서를 이용하면 투명테이프를 원하는 길이만큼 쉽게 자를 수 있어서 편해요.

도안의 곡선 부분에 **투명테이프 붙이는 방법**

곡선 부분에서는 투명테이프가 깔끔하게 접히지 않아요. 이때 투명테이프에 가위집을 낸 후 하나씩 붙이면 곡선 모양에 딱 맞게 붙일 수 있어요.

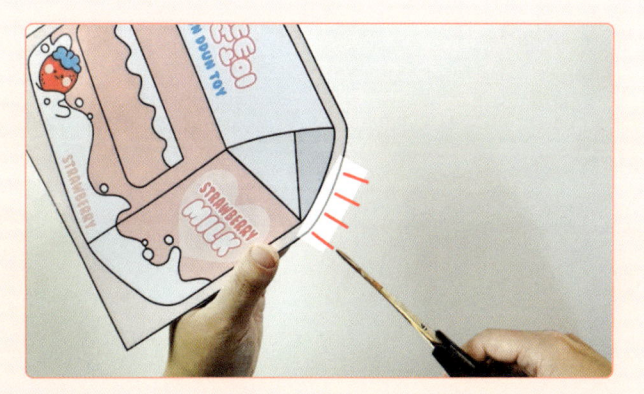

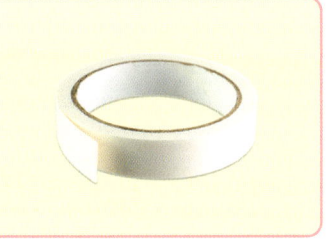

양면테이프
뒷면에 종이가 붙어 있는 일반 양면테이프예요. 접착력이 강해서 붙였다, 떼었다 하는 도안보다는 고정해야 하는 도안에 사용해요.

투명 양면테이프

일반 양면테이프보다 접착력이 강하지 않아요. 그래서 붙였다, 떼었다 해야 하는 소품 도안에 사용하기 좋아요.

 이것도 있으면 좋아요!

끈 (마스크 끈)

끈이 필요한 놀이가 있어요. 아무 끈이나 사용해도 좋지만, 다 사용하고 난 마스크 끈을 재활용해 보세요. 쉽게 구할 수 있고, 탄성이 있어서 놀이할 때도 좋아요.

만들기 기호 살펴보기

종이놀이북을 만들 때 사용하는 기호를 알려줄게요. 한번 잘 살펴보고 만들기를 시작해 보아요.

🍓 도안 코팅 기호

코팅지 / 앞면	손코팅지로 도안의 앞면만 코팅해요.
코팅지 / 양면	손코팅지로 도안의 앞면을 코팅한 다음, 뒷면도 똑같이 코팅해요.
박스테이프 / 뒷면	투명 박스테이프로 도안의 뒷면만 코팅해요.
박스테이프 / 양면	투명 박스테이프로 도안의 앞면을 코팅한 다음, 뒷면도 똑같이 코팅해요.

🍓 도안 조립 기호

기호	이름	설명
───	검은색 실선	테두리의 실선을 따라 가위나 칼로 도안을 오려요.
-----	규칙적인 점선	선이 보이게 밖으로 접어요.
1	숫자 상자	같은 숫자끼리 서로 마주 보도록 붙여요.
▬ (회색)	회색 네모 상자	투명 양면테이프를 붙여요. 주로 붙였다, 떼면서 노는 소품 도안에 있어요.
▬ (검정)	검은색 네모 상자	양면테이프를 붙여요. 주로 단단하게 고정시켜야 하는 도안에 있어요.
🎸	투명 그림	책 도안에 채색이 연하게 된 부분이 있어요. 이 투명 그림 자리에 같은 그림의 도안을 붙여 배경을 완성해요.

뚠뚠토이 친구들 만나기

《뚠뚠토이의 키득키득 종이놀이북》에는 다양한 캐릭터 친구들이 등장해요. 지금 바로 만나볼까요?

옹이 새침하고 까칠해 보이지만, 사실 여린 마음을 가지고 있는 사랑스러운 고양이예요. 현재 달봉이를 짝사랑하고 있어요.

달봉이 구수한 충청도 사투리를 쓰는 농부 곰돌이예요. 무심하고 무뚝뚝해 보이지만, 항상 묵묵히 옹이 곁을 지켜요.

탱이 모두에게 친절한 따뜻한 성격의 곰돌이예요. 배려심이 넘치죠.

꾸리 옹이가 동생처럼 아끼는 애교 만점 개구리예요. 이 세상에서 옹이랑 노는 걸 제일 좋아한답니다.

뚠이 새하얀 털과 쫑긋한 두 귀가 매력적인 토끼예요. 가끔 엉뚱한 면이 있어서 귀여워요. 지금은 진구와 알콩달콩 사랑 중이에요.

진구 정이 많고, 구수한 매력을 가진 강아지예요. 항상 밝은 미소를 띠고 있죠. 그리고 한결같은 마음으로 뚠이만을 바라본답니다.

철새 뚠이와 진구의 단짝 친구인 까만 새예요. 힙합을 좋아하는 개구쟁이로, 갑자기 어디서 나타날지 몰라요.

더 많은 친구들이 기다리고 있어! 뒤에서 직접 확인해 봐!

포포 토실토실 귀여운 하얀 곰 인형이에요. 친구들이 가끔 얄밉게 굴어도 너그러운 마음으로 이해해 주는 아주 착한 친구예요.

PART 1
뚠뚠토이
종이놀이북 만들기

01 룰루랄라~ 캠핑장으로 떠나요! 캠핑카 종이놀이북

만들기 영상

날씨가 좋으면 생각나는 캠핑! 우리 다 함께 캠핑카를 타고 뚠뚠 캠핑장으로 떠나 볼까요?
텐트 치고~ 바비큐 먹고~ 모닥불도 피워서 행복한 시간을 보내요!

만들기 재료

도안지 · 손코팅지 · 투명테이프 · 투명 양면테이프 · 박스테이프 · 양면테이프 · 딱풀 · 가위

재미있게 만들어요!

01

도안에 나와 있는 기호를 참고하여 코팅해요.

헷갈린다면 9쪽의 만들기 기호 설명을 다시 읽어 보세요.

02

코팅한 도안을 예쁘게 오려요.

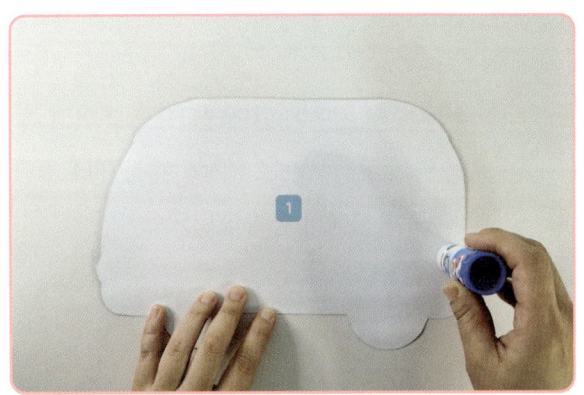

03

뒷면에 숫자가 적힌 도안을 준비해요. 뒷면에 풀을 바르고, 같은 숫자끼리 마주 보게 붙여요.

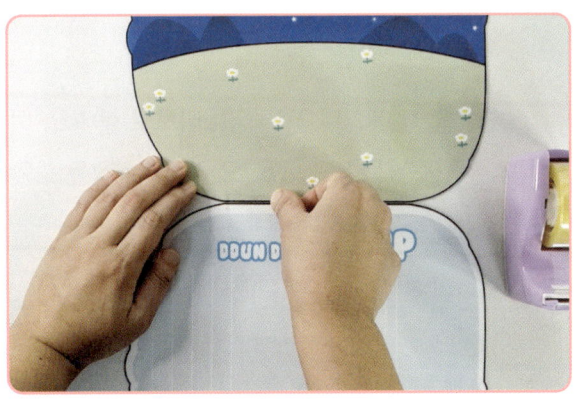

04

앞서 붙인 도안을 사진처럼 놓아요. 그리고 가운데를 투명테이프로 연결해요.

두 도안 사이에 살짝 틈이 있게 붙이면 책이 잘 접혀요.

05

연결한 도안을 덮고, 책등에 투명테이프를 감싸듯 붙여서 튼튼하게 만들어요.

06

어두운 하늘 위에 밝은 하늘 도안을 겹치고, 제일 볼록한 부분에 투명테이프를 붙여서 연결해요. 안쪽에도 똑같이 테이프를 붙여요.

07

캠핑카 문 도안 뒷면에 양면테이프를 붙이고, 투명 그림 위에 고정시켜요. 캐릭터는 뒷면에 투명 양면테이프를 붙여서 차에 태워요.

 캠핑카 문 뒤로 캐릭터가 쏙 들어가요.

08

도안판을 선에 맞춰서 투명테이프로 붙여요. 이때 왼쪽에는 큰 도안판을, 오른쪽에는 작은 도안판을 붙여요.

 도안판의 앞쪽과 뒤쪽 모두 테이프로 붙여야 튼튼해요.

09

아이스박스의 투명한 부분 위에 같은 그림의 도안을 겹쳐요. 이때 왼쪽과 오른쪽, 아래쪽에만 투명테이프를 붙여서 안쪽에 음료수를 넣을 수 있도록 만들어요.

 테이프에 가위집을 내면 둥근 부분도 깔끔하게 붙일 수 있어요.

10

텐트 문을 열었다, 닫았다 할 수 있도록 문 위쪽에만 투명테이프를 붙여요.

 문의 안쪽과 바깥쪽 모두 테이프로 붙여야 튼튼해요.

11

소품 도안 뒷면에 투명 양면테이프를 붙인 다음, 도안판에 정리해요.

12

부릉부릉~ 캠핑카 종이놀이북 완성! 여기저기 캐릭터와 소품들을 붙이며 즐겁게 놀아요.

02 우와~ 바다가 우리를 부른다!
바다 여행 종이놀이북

만들기 영상

동물 친구들이 다 같이 바다로 여행을 갔어요. 수영도 하고, 모래놀이도 하고 너무 재미있겠어요!
참, 바닷가에서 시원하고 달달한 수박 주스도 판대요. 우리도 따라가 보아요!

바다로 여행을 떠나요~!

만들기 재료

도안지 · 손코팅지 · 투명테이프 · 투명 양면테이프 · 박스테이프 · 양면테이프 · 딱풀 · 칼 · 가위

재미있게 만들어요!

01

도안에 나와 있는 기호를 참고하여 코팅해요.

💡 헷갈린다면 9쪽의 만들기 기호 설명을 다시 읽어 보세요.

02

코팅한 도안을 예쁘게 오려요.

03

뒷면에 숫자가 적힌 도안을 준비해요. 뒷면에 풀을 바르고, 같은 숫자끼리 마주 보게 붙여요.

04

앞서 붙인 도안을 사진처럼 놓아요. 그리고 가운데에 투명테이프를 + 모양으로 붙여서 연결해요.

💡 네 도안 사이에 살짝 틈이 있게 붙이면 책이 잘 접혀요.

05

연결한 도안을 위로 반 접어 올린 다음, 아래쪽에 투명테이프를 감싸듯 붙여요.

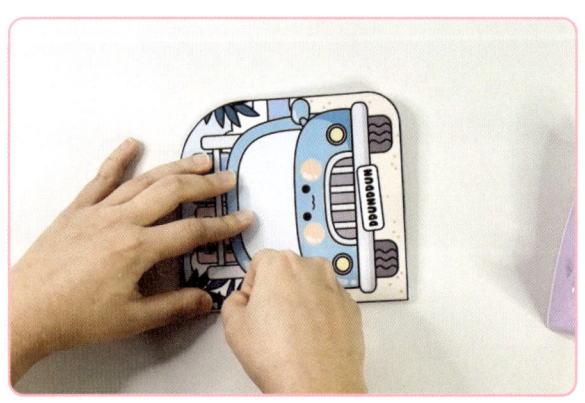

06

이어서 도안을 옆으로 반 접은 뒤, 책등에 투명테이프를 감싸듯 붙여서 튼튼하게 만들어요.

07

투명테이프로 책 앞표지에 자동차 얼굴을 붙여요. 이때 자동차 얼굴의 왼쪽과 오른쪽, 아래쪽에만 테이프를 붙여요.

 자동차 안으로 캐릭터가 쏙 들어가요.

08

매대 도안 뒷면에 양면테이프를 붙이고, 투명 그림 위에 고정시켜요.

 매대 뒤로 캐릭터가 쏙 들어가요.

09

튜브 사이로 캐릭터가 쏙 들어갈 수 있도록 튜브 가운데에 있는 선을 따라 칼집을 내요.

 칼은 위험하니까 어른의 도움을 받아요!

10

소품 도안 뒷면에 투명 양면테이프를 붙인 다음, 책에다가 정리해요.

11

해먹의 투명한 부분 위에 같은 그림의 도안을 겹쳐요. 이때 아래쪽에만 투명테이프를 붙여서 캐릭터가 해먹에 누울 수 있도록 만들어요.

 테이프에 가위집을 내면 둥근 부분도 깔끔하게 붙일 수 있어요.

12

소품 도안 뒷면에 투명 양면테이프를 붙인 다음, 책에다가 정리해요.

13

바다 도안 뒷면에 양면테이프를 붙이고, 바다 아래쪽에 고정시켜요.

 바다 안으로 캐릭터가 쏙 들어가요.

14

소품 도안 뒷면에 투명 양면테이프를 붙이고, 책에다가 정리해요.

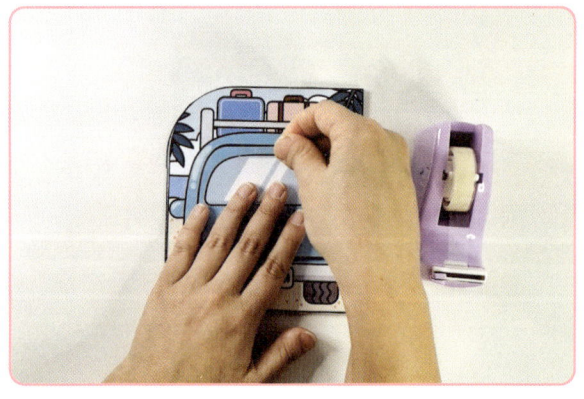

15

트렁크를 열었다, 닫았다 할 수 있도록 트렁크 위쪽에만 투명테이프를 붙여요.

 트렁크의 안쪽과 바깥쪽 모두 테이프로 붙여야 튼튼해요.

16

철새와 소품 도안 뒷면에 투명 양면테이프를 붙이고, 책에다가 정리해요.

17

투명 양면테이프를 이용해 뚠이와 진구의 옷을 입혀요.

 캐릭터 뒷면에 투명 테이프를 붙이고, 자동차 안에 쏙 넣어 보관해요.

18

룰루랄라 바다 여행 종이놀이북 완성! 여기저기 캐릭터와 소품들을 붙이며 즐겁게 놀아요.

03 꼬끼오~ 꼬꼬 친구들을 만나요! 계란프라이 종이놀이북

예쁜 고양이 옹이가 곰돌이 농부 달봉이네로 놀러 갔어요. 도시에서만 살던 옹이가 달봉이의 닭 농장에도 잘 적응할 수 있을까요? 우리도 시골 생활을 체험하러 함께 가 보아요!

만들기 재료

도안지 · 손코팅지 · 투명테이프 · 투명 양면테이프 · 박스테이프 · 양면테이프 · 딱풀 · 칼 · 가위

재미있게 만들어요!

01

도안에 나와 있는 기호를 참고하여 코팅해요.

 헷갈린다면 9쪽의 만들기 기호 설명을 다시 읽어 보세요.

02

코팅한 도안을 예쁘게 오려요.

03

뒷면에 숫자가 적힌 도안을 준비해요. 뒷면에 풀을 바르고, 같은 숫자끼리 마주 보게 붙여요.

04

앞서 붙인 1, 2 도안을 나란히 놓고, 가운데를 투명테이프로 연결해요. 나머지 도안도 뒤에 순서대로 이어 붙여요.

 두 도안 사이에 살짝 틈이 있게 붙이면 책이 잘 접혀요.

05

연결한 도안을 덮고, 책등에 투명테이프를 감싸듯 붙여서 튼튼하게 만들어요.

06

옷장 문을 반으로 잘라요. 그리고 문을 열었다, 닫았다 할 수 있도록 옷장의 왼쪽과 오른쪽에만 투명테이프를 붙여요.

 문의 안쪽과 바깥쪽 모두 테이프로 붙여야 튼튼해요.

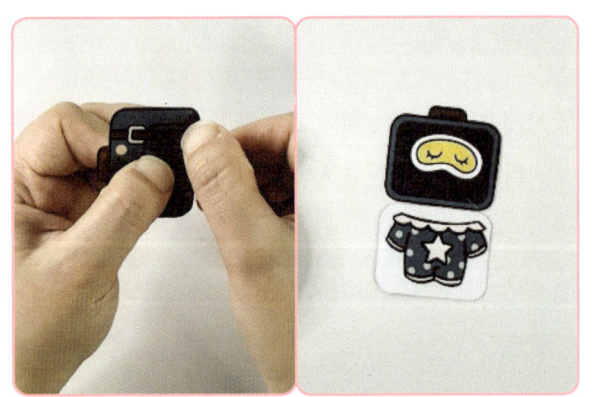

07

가방 도안을 겹친 뒤, 아래쪽에만 투명테이프를 붙여요. 안대와 잠옷은 투명 양면테이프를 붙여 가방 안에 정리해요. 이때 가방이 열리지 않도록 입구 안쪽에 투명 양면테이프를 붙여 줘요.

 가방의 안쪽과 바깥쪽 모두 테이프로 붙여야 튼튼해요.

08

소품 도안 뒷면에 투명 양면테이프를 붙인 다음, 책에다가 정리해요.

 09

투명한 연못 그림 위에 같은 그림의 도안을 겹쳐요. 그리고 연못의 왼쪽과 오른쪽, 아래쪽에만 투명테이프를 붙여요.

 연못 안으로 캐릭터가 쏙 들어가요.

10

가위나 칼을 이용해 닭장 문에 구멍을 내요.

 칼은 위험하니까 어른의 도움을 받아요!

11

닭장 문을 열었다, 닫았다 할 수 있도록 문 오른쪽에만 투명테이프를 붙여요.

 문의 안쪽과 바깥쪽 모두 테이프로 붙여야 튼튼해요.

12

동물 친구들과 소품 도안 뒷면에 투명 양면테이프를 붙이고, 책에다가 정리해요.

 13

주방 조리대 도안 뒷면에 양면테이프를 붙이고, 투명 그림 위에 고정시켜요.

 조리대 뒤로 캐릭터가 쏙 들어가요.

 14

식탁 도안 뒷면에 양면테이프를 붙이고, 투명 그림 위에 고정시켜요.

 식탁 뒤로 캐릭터가 쏙 들어가요.

15

선반 문을 반으로 잘라요. 그리고 문을 열었다, 닫았다 할 수 있도록 선반의 왼쪽과 오른쪽에만 투명 테이프를 붙여요.

 문의 안쪽과 바깥쪽 모두 테이프로 붙여야 튼튼해요.

16

블라인드를 올렸다, 내렸다 할 수 있도록 블라인드 위쪽에만 투명테이프를 붙여요.

 블라인드의 안쪽과 바깥쪽 모두 테이프로 붙여야 튼튼해요.

17

식빵이 들어갈 수 있도록 토스트기의 하얀 선에 칼집을 내요.

 칼은 위험하니까 어른의 도움을 받아요!

18

소품 도안 뒷면에 투명 양면테이프를 붙인 다음, 책에다가 정리해요.

19

뒤표지의 투명한 주머니 그림 위에 같은 그림의 도안을 겹쳐요. 그리고 주머니의 왼쪽과 오른쪽, 아래쪽에만 투명테이프를 붙여요.

 캐릭터 뒷면에 투명 양면테이프를 붙이고, 주머니 안에 쏙 넣어 보관해요.

20

달봉이네 닭장이 숨어 있는 계란프라이 종이놀이북 완성! 여기저기 캐릭터와 소품들을 붙이며 즐겁게 놀아요.

나쁜 호랑이는 출입 금지!
해와 달 오누이의 떡 카페 종이놀이북

만들기 영상

귀여운 토끼 가족이 떡 카페를 운영하고 있어요. 그런데 엄마 토끼가 외출한 사이 호랑이가 떡을 뺏어 먹으러 찾아왔네요! 해와 달 오누이 토끼는 떡 카페를 무사히 지킬 수 있을까요?

떡 하나 주면 안 잡아먹지~

만들기 재료

도안지 · 손코팅지 · 투명테이프 · 투명 양면테이프 · 박스테이프 · 양면테이프 · 딱풀 · 칼 · 가위

재미있게 만들어요!

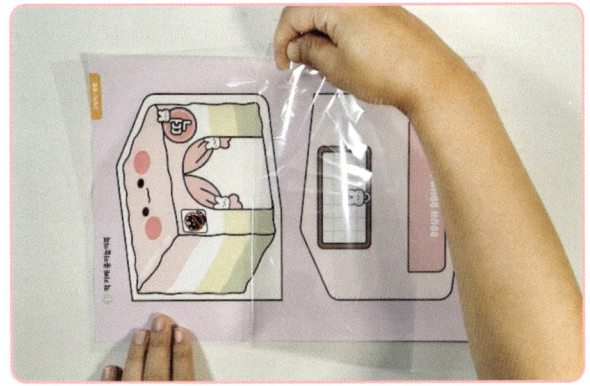

 01

도안에 나와 있는 기호를 참고하여 코팅해요.

💡 헷갈린다면 9쪽의 만들기 기호 설명을 다시 읽어 보세요.

02

코팅한 도안을 예쁘게 오려요.

03

뒷면에 숫자가 적힌 도안을 준비해요. 뒷면에 풀을 바르고, 같은 숫자끼리 마주 보게 붙여요.

04

칼을 이용해 3 도안의 문을 [모양으로 잘라요. 그리고 4 도안의 창문은 ⊔ 모양으로 잘라요.

 💡 칼은 위험하니까 어른의 도움을 받아요!

05

앞서 붙인 1, 2 도안을 나란히 놓고, 가운데를 투명테이프로 연결해요. 나머지 도안도 뒤에 순서대로 이어 붙여요.

 두 도안 사이에 살짝 틈이 있게 붙이면 책이 잘 접혀요.

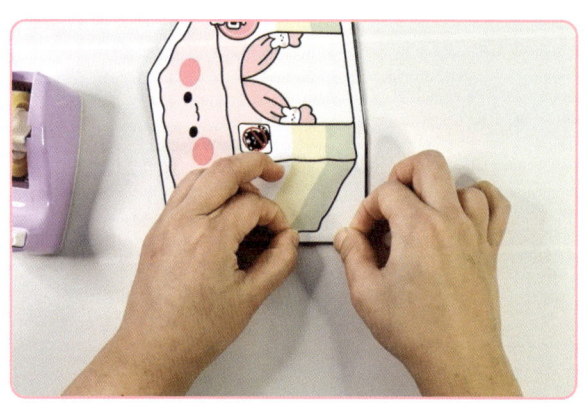

06

연결한 도안을 덮고, 책등에 투명테이프를 감싸듯 붙여서 튼튼하게 만들어요.

07

투명테이프로 앞표지에 문을 붙여요. 이때 문을 열었다, 닫았다 할 수 있도록 오른쪽에만 테이프를 붙여요.

 문의 안쪽과 바깥쪽 모두 테이프로 붙여야 튼튼해요.

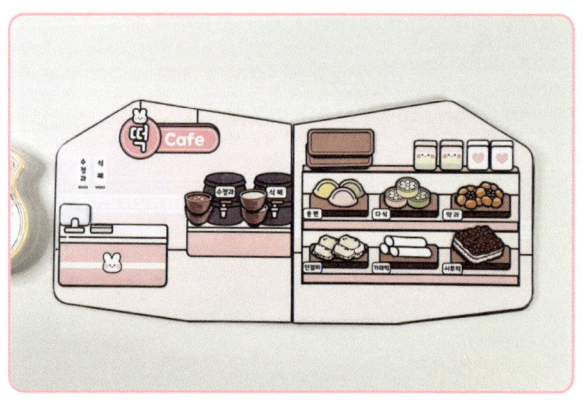

08

투명테이프로 카운터를 붙여요. 이때 카운터의 왼쪽과 오른쪽, 아래쪽에만 테이프를 붙여요. 그다음 소품 도안 뒷면에 투명 양면테이프를 붙이고, 책에다가 정리해요.

 카운터 뒤로 캐릭터가 쏙 들어가요.

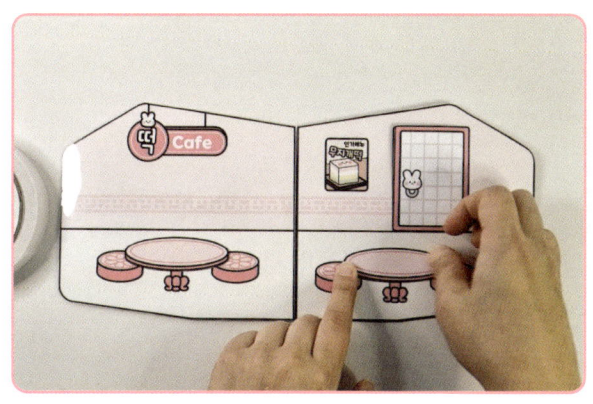

09

테이블 도안 뒷면에 양면테이프를 붙이고, 투명 그림 위에 고정시켜요.

10

소품 도안 뒷면에 투명 양면테이프를 붙인 다음, 책에다가 정리해요.

11

뒤표지의 투명한 주머니 그림 위에 같은 그림의 도안을 겹쳐요. 그리고 주머니의 왼쪽과 오른쪽, 아래쪽에만 투명테이프를 붙여요.

 캐릭터 뒷면에 투명 양면테이프를 붙이고, 주머니 안에 쏙 넣어 보관해요.

12

폭신한 떡이 가득한 떡 카페 종이놀이북 완성! 여기저기 캐릭터와 소품들을 붙이며 즐겁게 놀아요.

05 두근두근 떨리는 첫 심부름!
뚠뚠마트 종이놀이북

꼬마 여우가 처음으로 심부름을 하러 간대요. 그 심부름은 바로 뚠뚠마트에서 장보기!
꼬마 여우는 엄마의 심부름을 무사히 잘 끝낼 수 있을까요?

만들기 재료

도안지 · 손코팅지 · 투명테이프 · 투명 양면테이프 · 박스테이프 · 양면테이프 · 딱풀 · 칼 · 가위

재미있게 만들어요!

01

도안에 나와 있는 기호를 참고하여 코팅해요.

 헷갈린다면 9쪽의 만들기 기호 설명을 다시 읽어 보세요.

02

코팅한 도안을 예쁘게 오려요.

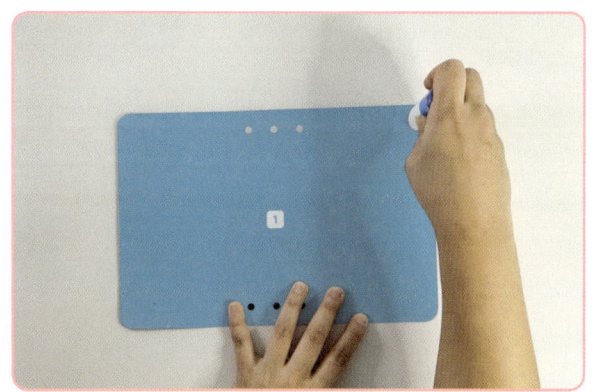

03

뒷면에 숫자와 도형이 표시된 도안을 준비해요. 뒷면에 풀을 바르고, 같은 숫자와 같은 도형끼리 마주 보게 붙여요.

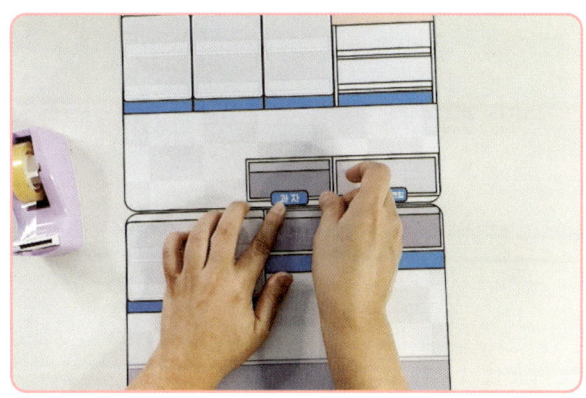

04

앞서 붙인 도안을 사진처럼 놓고, 가운데를 투명 테이프로 연결해요.

 두 도안 사이에 살짝 틈이 있게 붙이면 책이 잘 접혀요.

05

연결한 도안을 덮고, 책등에 투명테이프를 감싸듯 붙여서 튼튼하게 만들어요.

06

출입문을 반으로 잘라요. 그리고 문을 열었다, 닫았다 할 수 있도록 문의 왼쪽과 오른쪽에만 투명테이프를 붙여요.

 문의 안쪽과 바깥쪽 모두 테이프로 붙여야 튼튼해요.

07

소품 도안 뒷면에 투명 양면테이프를 붙인 다음, 책에다가 정리해요.

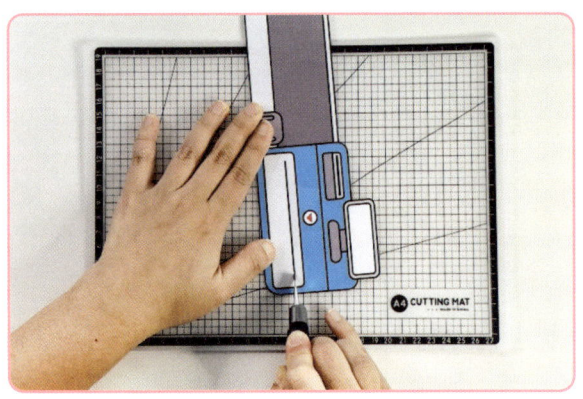

08

계산대 도안에 돈통을 넣는 기다란 선이 있어요. 그 선에 칼집을 내요.

 칼은 위험하니까 어른의 도움을 받아요!

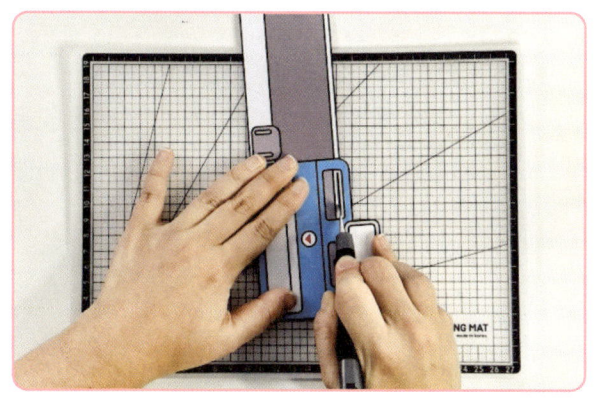

09

계산대 도안에 카드를 넣는 부분도 있어요. 굵은 선을 따라 칼집을 내요.

 카드 투입구는 작게 구멍을 낸다고 생각해요.

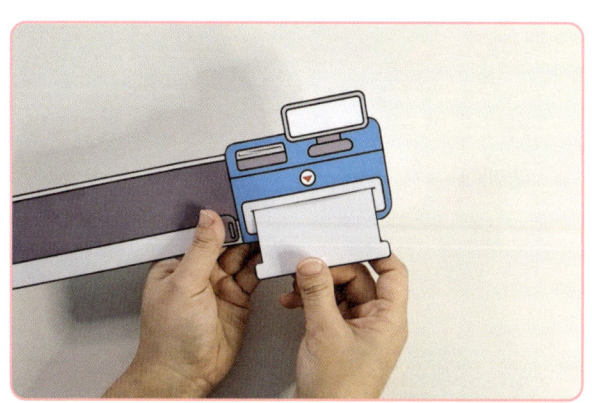

10

앞서 자른 기다란 부분에 돈통 도안을 꽂아요.

 돈통을 넣었다, 뺐다 할 수 있어요.

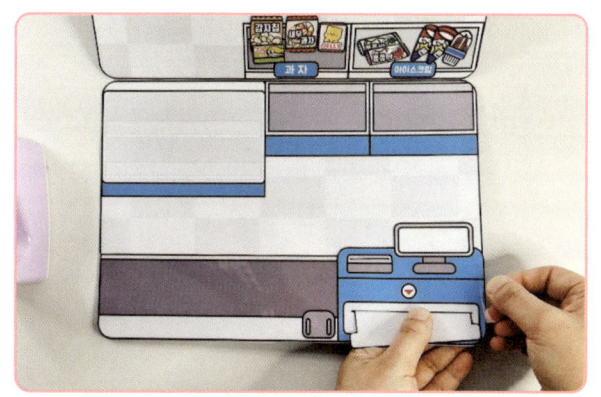

11

투명한 계산대 그림 위에 앞서 만든 계산대 도안을 겹쳐요. 그리고 계산대의 왼쪽, 오른쪽, 아래쪽에만 투명테이프를 감싸듯 붙여요.

 계산대 뒤로 캐릭터가 쏙 들어가요.

12

소품 도안 뒷면에 투명 양면테이프를 붙인 다음, 책에다가 정리해요.

13

카트 도안에 투명한 부분이 있어요. 그 위에 같은 그림의 도안을 겹치고, 카트의 왼쪽, 오른쪽, 아래쪽에만 투명테이프를 붙여요.

 카트 안에 물건을 담을 수 있어요.

14

카트 도안 뒷면에 투명 양면테이프를 붙인 다음, 책에다가 정리해요.

15

뒤표지의 투명한 주머니 그림 위에 같은 그림의 도안을 겹쳐요. 그리고 주머니의 왼쪽과 오른쪽, 아래쪽에만 투명테이프를 붙여요.

16

투명 양면테이프를 이용해 캐릭터 옷을 입혀요.

 캐릭터 뒷면에 투명 양면테이프를 붙이고, 주머니 안에 쏙 넣어 보관해요.

17

아기자기한 물건이 가득한 뚠뚠마트 종이놀이북 완성! 여기저기 캐릭터와 소품들을 붙이며 즐겁게 놀아요.

06 삐뽀삐뽀- 구급차가 달려갑니다!
젤리곰 병원 종이놀이북

만들기 영상

앗! 귀여운 곰 인형 포포가 아픈가 봐요. 어서 빨리 구급차를 타고 병원으로 가야겠어요.
병원을 무서워하는 포포를 위해 우리도 함께 병원으로 가 볼까요?

만들기 재료

도안지 · 손코팅지 · 투명테이프 · 투명 양면테이프 · 박스테이프 · 양면테이프 · 딱풀 · 가위 · 끈

01

도안에 나와 있는 기호를 참고하여 코팅해요.

 헷갈린다면 9쪽의 만들기 기호 설명을 다시 읽어 보세요.

02

코팅한 도안을 예쁘게 오려요.

03

뒷면에 숫자가 적힌 도안을 준비해요. 뒷면에 풀을 바르고, 같은 숫자끼리 마주 보게 붙여요.

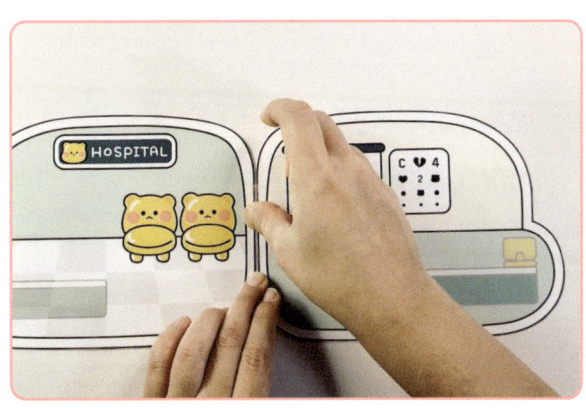

04

앞서 붙인 1, 2 도안을 나란히 놓고, 가운데를 투명테이프로 연결해요. 남은 도안도 뒤에 이어 붙여요.

 두 도안 사이에 살짝 틈이 있게 붙이면 책이 잘 접혀요.

41

05

연결한 도안을 덮고, 책등에 투명테이프를 감싸듯 붙여서 튼튼하게 만들어요.

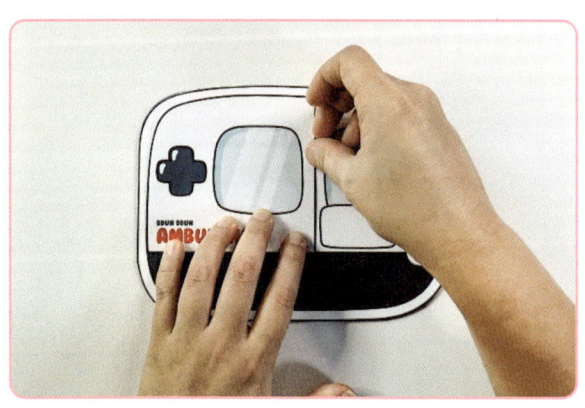

06

투명테이프로 앞표지에 큰 구급차 문을 붙여요. 이때 문을 열었다, 닫았다 할 수 있도록 문 오른쪽에만 테이프를 붙여요.

 문의 안쪽과 바깥쪽 모두 테이프로 붙여야 튼튼해요.

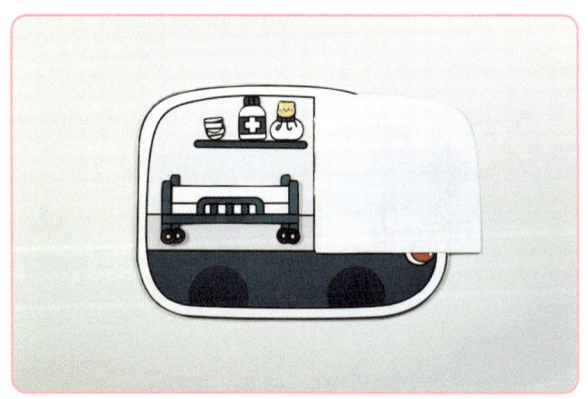

07

소품 도안 뒷면에 투명 양면테이프를 붙인 다음, 책에다가 정리해요.

08

투명테이프로 앞표지에 운전석 문과 사이렌을 붙여요. 이때 운전석 문은 왼쪽과 오른쪽, 아래쪽에만 테이프를 붙여요.

 운전석 문 뒤로 캐릭터가 쏙 들어가요.

09

바퀴 도안 뒷면에 양면테이프를 붙인 다음, 투명 그림 위에 고정시켜요.

 뒤표지에도 사이렌과 바퀴를 똑같이 붙여요.

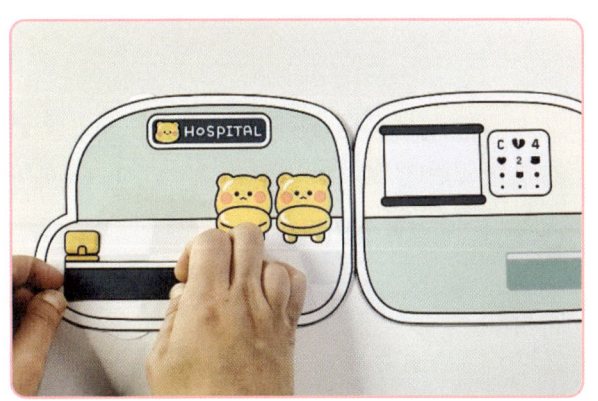

10

투명한 책상 그림 위에 같은 그림의 도안을 겹쳐요. 그리고 책상의 왼쪽과 오른쪽, 아래쪽에만 투명테이프를 붙여요.

 책상 뒤로 캐릭터가 쏙 들어가요.

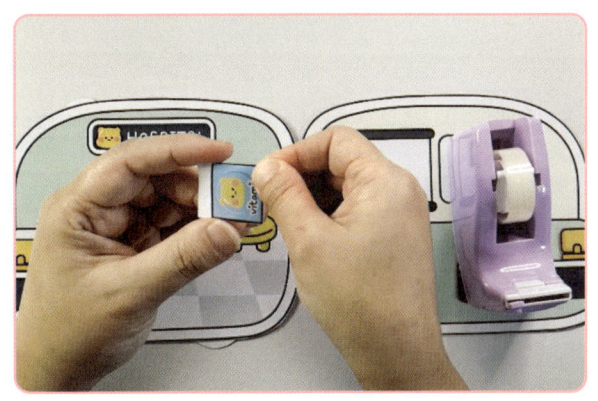

11

비타민 봉지 도안을 반으로 접고, 왼쪽과 아래쪽을 투명테이프로 막아요. 그다음 봉지 안에 비타민을 넣어요.

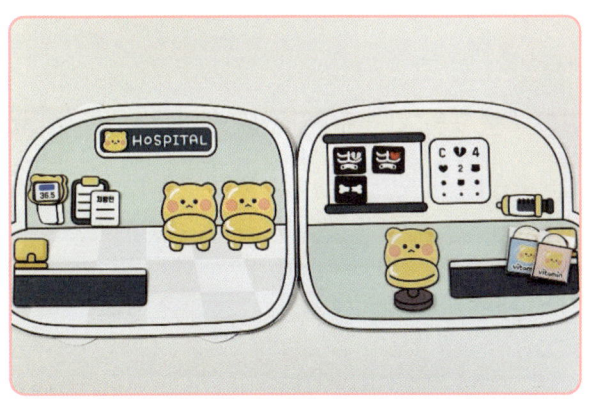

12

소품 도안 뒷면에 투명 양면테이프를 붙인 다음, 책에다가 정리해요.

 36.5 정상 체온 도안은 체온계 위에 붙여요.

13

투명테이프로 화장실 문과 서랍을 붙여요. 이때 문과 서랍을 열었다, 닫았다 할 수 있도록 문은 오른쪽에만, 서랍은 아래쪽에만 테이프를 붙여요.

 문과 서랍의 안쪽과 바깥쪽 모두 테이프로 붙여야 튼튼해요.

14

투명한 책상 그림 위에 같은 그림의 도안을 겹쳐요. 그리고 책상의 왼쪽과 오른쪽, 아래쪽에만 투명테이프를 붙여요.

 책상 뒤로 캐릭터가 쏙 들어가요.

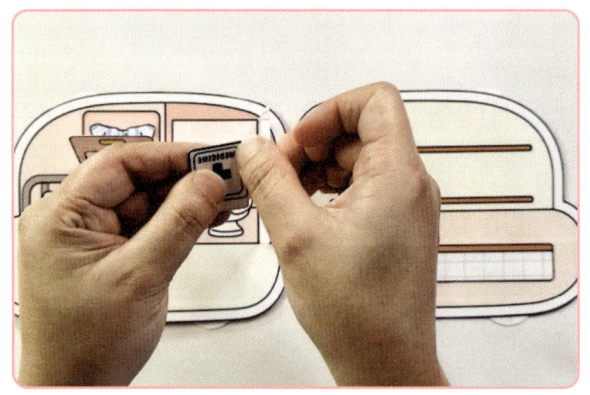

15

약봉지를 앞서 만든 비타민 봉지처럼 만들어요.

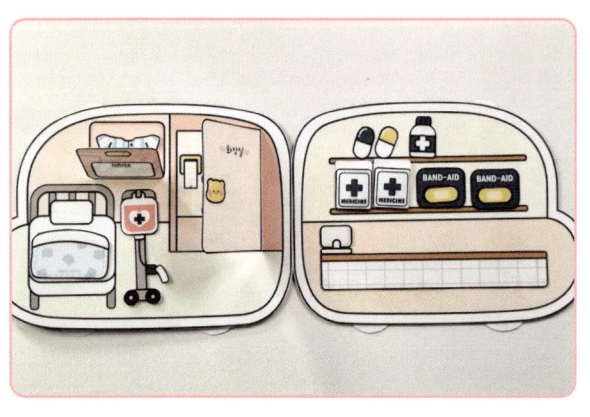

16

소품 도안 뒷면에 투명 양면테이프를 붙인 다음, 책에다가 정리해요.

 똥은 변기 위에 붙여요.

17

투명 양면테이프를 이용해 캐릭터 옷을 입혀요.

18

투명테이프와 끈을 이용해 청진기를 만들어요.
그리고 투명 양면테이프로 캐릭터에 붙여요.

 캐릭터 뒷면에 투명 양면테이프를 붙이고,
차 문이나 책상 뒤에 쏙 넣어 보관해요.

19

삐뽀삐뽀~ 젤리곰 병원 종이놀이북 완성! 여기
저기 캐릭터와 소품들을 붙이며 즐겁게 놀아요.

07 귀여운 친구들~ 여기 여기 모여라!
햄스터 유치원 종이놀이북

만들기 영상

오늘은 아기 햄스터들이 처음으로 유치원에 가는 날이래요. 그래서인지 모두 다 기분이 좋아 보여요! 설렘 가득한 유치원에서는 어떤 재미난 일들이 벌어질까요?

뚜뚜빵빵!!
햄스터 친구들이 유치원에 가요~

만들기 재료

도안지 · 손코팅지 · 투명테이프 · 투명 양면테이프 · 박스테이프 · 양면테이프 · 딱풀 · 가위 · 끈

재미있게 만들어요!

01

도안에 나와 있는 기호를 참고하여 코팅해요.

 헷갈린다면 9쪽의 만들기 기호 설명을 다시 읽어 보세요.

02

코팅한 도안을 예쁘게 오려요.

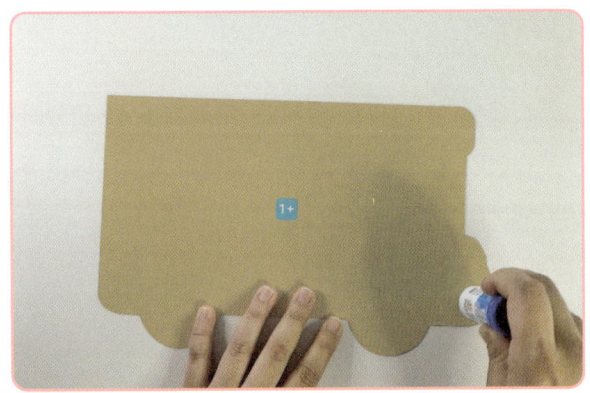

03

뒷면에 숫자가 적힌 도안을 준비해요. 뒷면에 풀을 바르고, 같은 숫자끼리 마주 보게 붙여요.

04

앞서 붙인 1, 2 도안을 나란히 놓고, 가운데를 투명테이프로 연결해요. 남은 도안도 뒤에 이어 붙여요.

 두 도안 사이에 살짝 틈이 있게 붙이면 책이 잘 접혀요.

05

연결한 도안을 덮고, 책등에 투명테이프를 감싸듯 붙여서 튼튼하게 만들어요.

06

창문 아래에 차 문과 바 모양의 도안을 올려요. 그리고 두 도안의 왼쪽, 오른쪽, 아래쪽에만 투명테이프를 붙여요.

 문과 바 뒤로 캐릭터가 쏙 들어가요.

07

작은 문을 반으로 잘라요. 그리고 문을 열었다, 닫았다 할 수 있도록 문의 왼쪽과 오른쪽에만 투명테이프를 붙여요.

 문의 안쪽과 바깥쪽 모두 테이프로 붙여야 튼튼해요.

08

투명한 탁자 그림 위에 같은 그림의 도안을 겹쳐요. 그리고 탁자의 왼쪽과 오른쪽, 아래쪽에만 투명테이프를 붙여요.

 탁자 뒤로 캐릭터가 쏙 들어가요.

갈색 네모판 도안 위에 황토색 네모판 도안을 올리고, 투명테이프로 붙여서 그네를 만들어요. 이때 겹쳐진 부분의 왼쪽과 오른쪽, 아래쪽에만 테이프를 붙여요.

 그네 안으로 캐릭터가 쏙 들어가요.

투명테이프를 이용해 그네 뒷면에 짧은 끈 2개를 붙여요. 그리고 투명테이프로 그네를 해당 자리에 연결해요.

큰 문을 열었다, 닫았다 할 수 있도록 문 오른쪽에만 투명테이프를 붙여요.

 문의 안쪽과 바깥쪽 모두 테이프로 붙여야 튼튼해요.

소품 도안 뒷면에 투명 양면테이프를 붙인 다음, 책에다가 정리해요.

13

사물함을 열었다, 닫았다 할 수 있도록 문 위쪽에만 투명테이프를 붙여요.

 문의 안쪽과 바깥쪽 모두 테이프로 붙여야 튼튼해요.

14

식탁 도안 뒷면에 양면테이프를 붙인 다음, 투명 그림 위에 고정시켜요.

 식탁 뒤로 캐릭터가 쏙 들어가요.

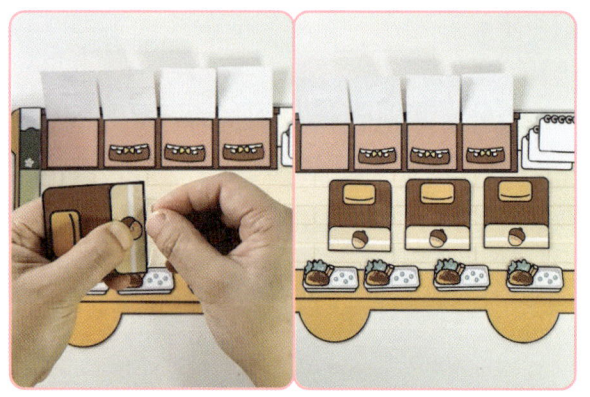

15

큰 이불과 작은 이불 도안을 겹치고, 겹친 부분의 왼쪽과 오른쪽, 아래쪽에만 투명테이프를 붙여요. 그다음 소품 도안 뒷면에 투명 양면테이프를 붙이고, 책에다가 정리해요.

 이불 안으로 캐릭터가 쏙 들어가요.

16

투명한 세면대 그림 위에 같은 그림의 도안을 겹쳐요. 그리고 세면대의 왼쪽, 오른쪽, 아래쪽에만 투명테이프를 붙여요.

 세면대 뒤로 캐릭터가 쏙 들어가요.

17

화장실 문을 열었다, 닫았다 할 수 있도록 문의 왼쪽에만 투명테이프를 붙여요.

💡 문의 안쪽과 바깥쪽 모두 테이프로 붙여야 튼튼해요.

18

소품 도안 뒷면에 투명 양면테이프를 붙인 다음, 책에다가 정리해요.

19

투명 양면테이프를 이용해 햄스터 옷을 입혀요.

💡 캐릭터는 뒷면에 투명 양면테이프를 붙이고, 차에 태워서 보관해요.

20

신나는 햄스터 유치원 종이놀이북 완성! 여기저기 캐릭터와 소품들을 붙이며 즐겁게 놀아요.

08 귀염둥이 공주와 카리스마 왕비의 만남! 백설공주 종이놀이북

만들기 영상

"거울아~ 거울아~ 세상에서 누가 제일 예쁘니?" 과연 백설공주와 왕비 중 거울의 선택을 받을 사람은 누구일까요? 그 선택으로 둘 사이에 어떤 일이 벌어질지, 직접 이야기를 만들어 보아요!

예쁜 아가씨 사과 하나 줄게요~

만들기 재료

도안지 · 손코팅지 · 투명테이프 · 투명 양면테이프 · 박스테이프 · 양면테이프 · 딱풀 · 가위

재미있게 만들어요!

01

도안에 나와 있는 기호를 참고하여 코팅해요.

 헷갈린다면 9쪽의 만들기 기호 설명을 다시 읽어 보세요.

02

코팅한 도안을 예쁘게 오려요.

03

뒷면에 숫자가 적힌 도안을 준비해요. 뒷면에 풀을 바르고, 같은 숫자끼리 마주 보게 붙여요.

04

앞서 붙인 1, 2 도안을 나란히 놓고, 가운데를 투명테이프로 연결해요. 나머지 도안도 뒤에 순서대로 이어 붙여요.

 두 도안 사이에 살짝 틈이 있게 붙이면 책이 잘 접혀요.

05

연결한 도안을 덮고, 책등에 투명테이프를 감싸듯 붙여서 튼튼하게 만들어요.

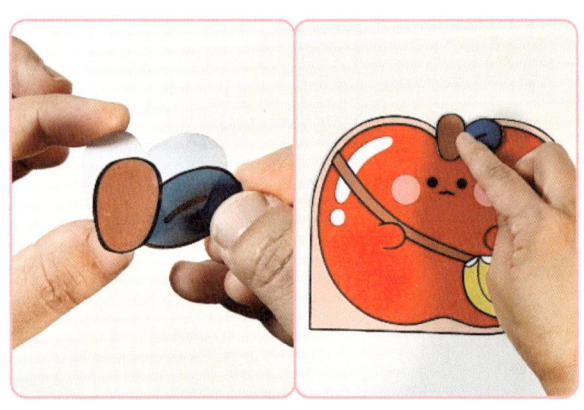

06

먼저 양면테이프로 사과 꼭지의 뒷면끼리 마주 보게 붙여요. 그리고 완성한 사과 꼭지는 양면테이프를 이용해 앞표지 윗부분에 붙여요.

07

가방 도안 뒷면에 양면테이프를 붙인 다음, 투명 그림 위에 고정시켜요.

08

투명 양면테이프로 백설공주 옷을 입히고, 가방 안에 쏙 넣어 보관해요.

 백설공주 뒷면에도 투명 양면테이프를 붙여요.

09

옷장 문을 반으로 잘라요. 그리고 문을 열었다, 닫았다 할 수 있도록 옷장의 왼쪽과 오른쪽에만 투명테이프를 붙여요.

 문의 안쪽과 바깥쪽 모두 테이프로 붙여야 튼튼해요.

10

소품 도안 뒷면에 투명 양면테이프를 붙인 다음, 책에다가 정리해요.

 왕비도 뒷면에 투명 양면테이프를 붙여서 책에 보관해요.

11

투명한 모래 화장실 그림 위에 같은 그림의 도안을 겹쳐요. 그리고 모래 화장실의 왼쪽, 오른쪽, 아래쪽에만 투명테이프를 붙여요.

 모래 화장실 안으로 캐릭터가 쏙 들어가요.

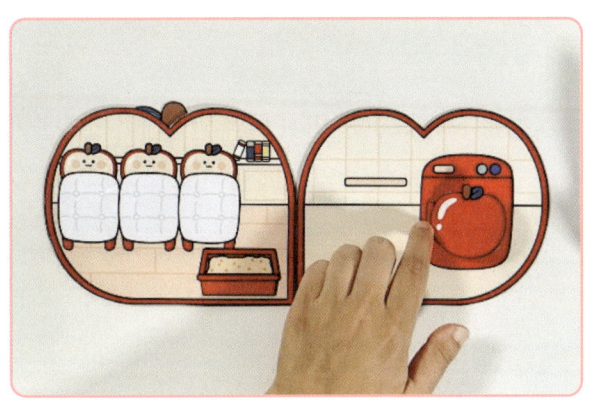

12

세탁기 문을 열었다, 닫았다 할 수 있도록 문의 왼쪽에만 투명테이프를 붙여요.

 문의 안쪽과 바깥쪽 모두 테이프로 붙여야 튼튼해요.

13

소품 도안 뒷면에 투명 양면테이프를 붙인 다음, 책에다가 정리해요.

 햄스터들도 뒷면에 투명 양면테이프를 붙여서 책에 보관해요.

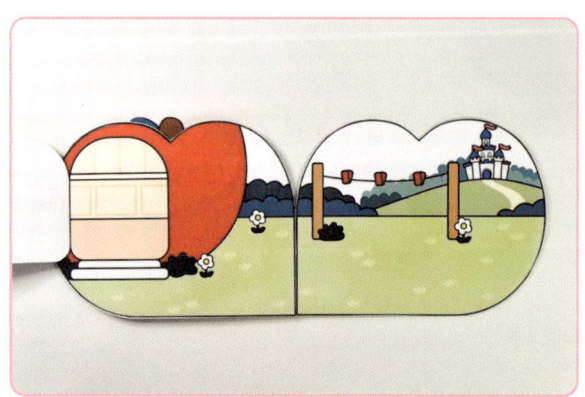

14

대문을 열었다, 닫았다 할 수 있도록 문 왼쪽에만 투명테이프를 붙여요.

 대문의 안쪽과 바깥쪽 모두 테이프로 붙여야 튼튼해요.

15

뒤표지의 투명한 주머니 그림 위에 같은 그림의 도안을 겹쳐요. 그리고 주머니의 왼쪽, 오른쪽, 아래쪽에만 투명테이프를 붙여요.

16

칼과 도끼 도안 뒷면에 투명 양면테이프를 붙이고, 왕자와 사냥꾼의 손에 붙여요.

 잠자는 백설공주, 왕자, 사냥꾼 뒷면에 투명 양면테이프를 붙이고, 주머니 안에 쏙 넣어 보관해요.

 17

동글동글 귀여운 백설공주 종이놀이북 완성! 여기저기 캐릭터와 소품들을 붙이며 즐겁게 놀아요.

손님, 머리 예쁘게 해드릴게요~
신데렐라 미용실 종이놀이북

만들기 영상

하루도 쉬지 않고 미용실에서 일만 하던 신데렐라가 있었어요. 그러던 어느 날, 오리 요정이 신데렐라에게 선물을 주러 찾아왔답니다! 과연 오리 요정은 신데렐라에게 어떤 선물을 줬을까요?

만들기 재료

도안지 / 손코팅지 / 투명테이프 / 투명 양면테이프 / 박스테이프 / 양면테이프 / 딱풀 / 칼 / 가위 / 끈

재미있게 만들어요!

 01

도안에 나와 있는 기호를 참고하여 코팅해요.

💡 헷갈린다면 9쪽의 만들기 기호 설명을 다시 읽어 보세요.

 02

코팅한 도안을 예쁘게 오려요.

03

뒷면에 숫자가 적힌 도안을 준비해요. 뒷면에 풀을 바르고, 같은 숫자끼리 마주 보게 붙여요.

 04

앞서 붙인 1, 2 도안을 나란히 놓고, 가운데를 투명테이프로 연결해요. 나머지 도안도 뒤에 순서대로 이어 붙여요.

💡 두 도안 사이에 살짝 틈이 있게 붙이면 책이 잘 접혀요.

05

연결한 도안을 덮고, 책등에 투명테이프를 감싸듯 붙여서 튼튼하게 만들어요.

06

캐비닛을 열었다, 닫았다 할 수 있도록 문 왼쪽에만 투명테이프를 붙여요.

 문의 안쪽과 바깥쪽 모두 테이프로 붙여야 튼튼해요.

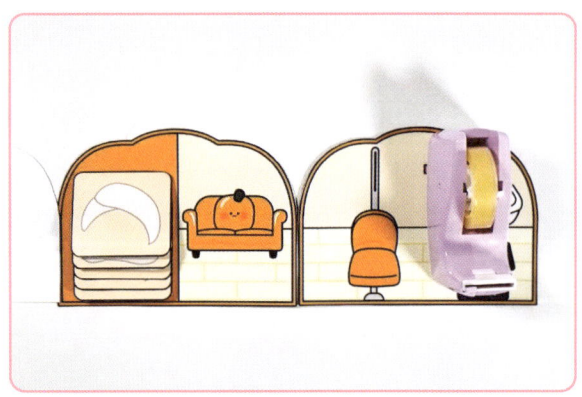

07

도안판을 선에 맞춰서 투명테이프로 붙여요.

 도안판의 앞쪽과 뒤쪽 모두 테이프로 붙여야 튼튼해요.

08

소품 도안 뒷면에 투명 양면테이프를 붙인 다음, 책에다가 정리해요.

09

투명테이프로 샤워기 도안 뒷면에 끈을 붙이고, 반으로 접어요. 그다음 테두리를 투명테이프로 붙여요.

 테이프에 가위집을 내면 둥근 부분도 깔끔하게 붙일 수 있어요.

10

앞서 만든 샤워기는 투명 양면테이프로 샤워기 자리에 붙이고, 끈은 투명테이프로 세면대 쪽에 붙여요.

11

옷걸이 도안 뒷면에 양면테이프를 붙이고, 행거에 고정시켜요. 옷 도안 뒷면에는 투명 양면테이프를 붙이고, 옷걸이 위에다가 정리해요.

12

선물 상자를 열었다, 닫았다 할 수 있도록 상자 위쪽에만 투명테이프를 붙여요.

 상자의 안쪽과 바깥쪽 모두 테이프로 붙여야 튼튼해요.

13

소품 도안 뒷면에 투명 양면테이프를 붙인 다음, 책에다가 정리해요.

14

시곗바늘의 양면을 투명테이프로 한 번 더 코팅해요. 그다음 시곗바늘 뒷면에 투명 양면테이프를 붙이고, 시계에 고정시켜요.

15

성문을 반으로 잘라요. 그리고 문을 열었다, 닫았다 할 수 있도록 성문의 왼쪽과 오른쪽에만 투명테이프를 붙여요.

 성문의 안쪽과 바깥쪽 모두 테이프로 붙여야 튼튼해요.

16

뒤표지의 투명한 주머니 그림 위에 같은 그림의 도안을 겹쳐요. 그리고 주머니의 왼쪽, 오른쪽, 아래쪽에만 투명테이프를 붙여요.

17

신데렐라 뒷머리를 투명 양면테이프로 붙여요.

18

캐릭터에 씌워 줄 머리 도안 4개를 준비하고, 각 도안 중앙에 있는 가로선에 칼집을 내요. 그다음 각 캐릭터에 어울리는 머리를 씌워요.

 칼은 위험하니까 어른의 도움을 받아요!

19

투명 양면테이프를 이용해 캐릭터 옷을 입히고, 초대장을 앞표지에 붙여요.

 캐릭터는 뒷면에 투명 양면테이프를 붙이고, 주머니 안에 쏙 넣어 보관해요.

20

반짝반짝 예뻐지는 신데렐라 미용실 종이놀이북 완성! 여기저기 캐릭터와 소품들을 붙이며 즐겁게 놀아요.

신비로운 숲속 선녀탕으로 오세요~
선녀와 나무꾼의 목욕탕 종이놀이북

선녀와 나무꾼이 숲속에 선녀탕을 열었어요. 목욕탕 개업 소식에 숲속 친구들이 하나둘 모이네요!
숲속 친구들이 깨끗하게 변신할 수 있도록 우리도 도와줄까요?

만들기 재료

01

도안에 나와 있는 기호를 참고하여 코팅해요.

💡 헷갈린다면 9쪽의 만들기 기호 설명을 다시 읽어 보세요.

02

코팅한 도안을 예쁘게 오려요.

03

뒷면에 숫자가 적힌 도안을 준비해요. 뒷면에 풀을 바르고, 같은 숫자끼리 마주 보게 붙여요.

04

앞서 붙인 1, 2 도안을 사진처럼 놓고, 가운데를 투명테이프로 연결해요. 나머지 도안도 뒤에 이어 붙여요.

💡 두 도안 사이에 살짝 틈이 있게 붙이면 책이 잘 접혀요.

05

연결한 도안을 덮고, 책등에 투명테이프를 감싸듯 붙여서 튼튼하게 만들어요.

06

투명한 계산대 그림 위에 같은 그림의 도안을 겹쳐요. 그리고 계산대의 왼쪽, 오른쪽, 아래쪽에만 투명테이프를 붙여요.

 계산대 뒤로 캐릭터가 쏙 들어가요.

07

냉장고 문을 열었다, 닫았다 할 수 있도록 문의 오른쪽에만 투명테이프를 감싸듯 붙여요.

 문이 자꾸 열리면 문 안쪽에 투명 양면테이프를 붙여요.

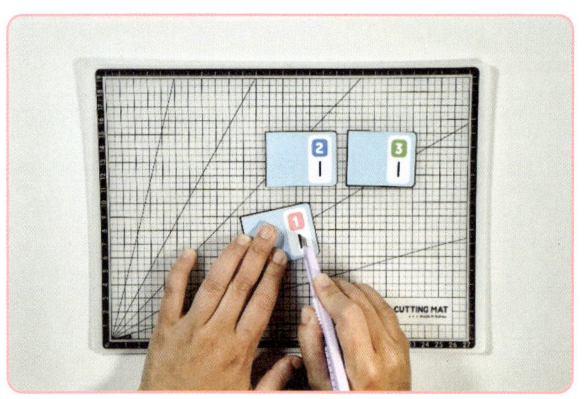

08

사물함 도안에 열쇠 구멍이 있어요. 구멍에 열쇠를 넣을 수 있도록 선을 따라 칼집을 내요.

 칼은 위험하니까 어른의 도움을 받아요!

09

사물함을 열었다, 닫았다 할 수 있도록 문 왼쪽에만 투명테이프를 감싸듯 붙여요.

💡 문이 자꾸 열리면 문 안쪽에 투명 양면테이프를 붙여요.

10

투명테이프로 샤워기 도안 뒷면에 끈을 붙이고, 반으로 접어요. 그다음 테두리를 투명테이프로 붙여요.

💡 테이프에 가위집을 내면 둥근 부분도 깔끔하게 붙일 수 있어요.

11

앞서 만든 샤워기는 투명 양면테이프로 샤워기 자리에 붙이고, 끈은 투명테이프로 세면대 쪽에 붙여요.

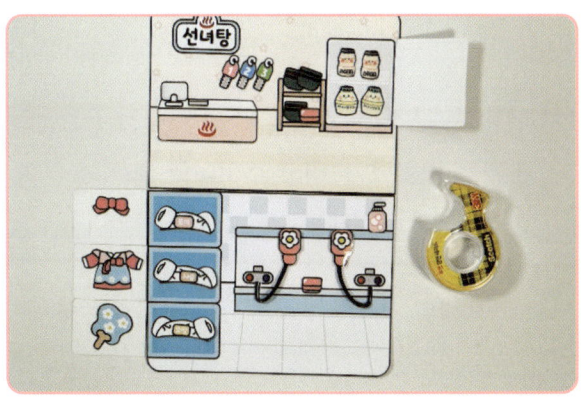

12

소품 도안 뒷면에 투명 양면테이프를 붙인 다음, 책에다가 정리해요.

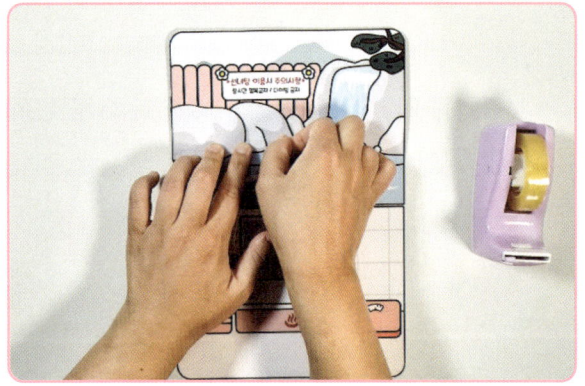

13

투명한 바위 그림 위에 같은 그림의 도안을 겹쳐요. 그리고 바위의 왼쪽, 오른쪽, 아래쪽에만 투명테이프를 붙여요.

 바위 뒤로 캐릭터가 쏙 들어가요.

14

선녀탕 도안 뒷면에 양면테이프를 붙이고, 투명 그림 위에 고정시켜요.

 물 안으로 캐릭터가 쏙 들어가요.

15

소품 도안 뒷면에 투명 양면테이프를 붙인 다음, 책에다가 정리해요.

16

뒤표지의 투명한 주머니 그림 위에 같은 그림의 도안을 겹쳐요. 그리고 주머니의 왼쪽, 오른쪽, 아래쪽에만 투명테이프를 붙여요.

17

투명 양면테이프를 이용해 캐릭터 옷을 입혀요.

 캐릭터 뒷면에 투명 테이프를 붙이고,
주머니에 쏙 넣어 보관해요.

18

선녀와 나무꾼의 따끈따끈한 목욕탕 종이놀이북 완성! 여기저기 캐릭터와 소품들을 붙이며 즐겁게 놀아요.

PART 2
뚠뚠토이
종이놀이북 도안

1 캠핑카 종이놀이북

2 캠핑카 종이놀이북

3 캠핑카 종이놀이북

코팅지 / 앞면

77

4 캠핑카 종이놀이북

코팅지 / 앞면

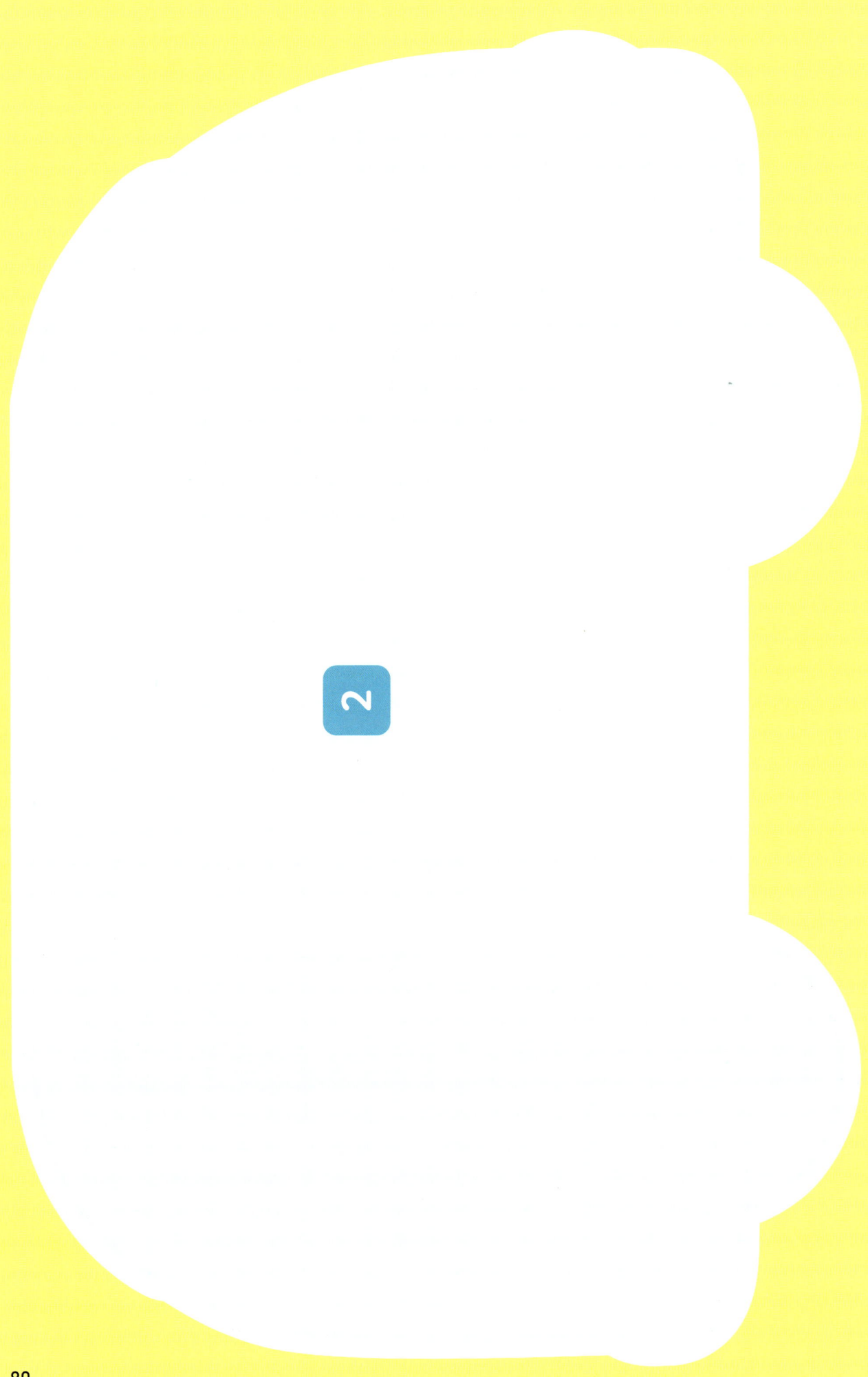

5 캠핑카 종이놀이북

코팅지 / 양면

텐트

모닥불

6 캠핑카 종이놀이북

코팅지 / 양면

바비큐

의자

7 캠핑카 종이놀이북

코팅지 / 양면

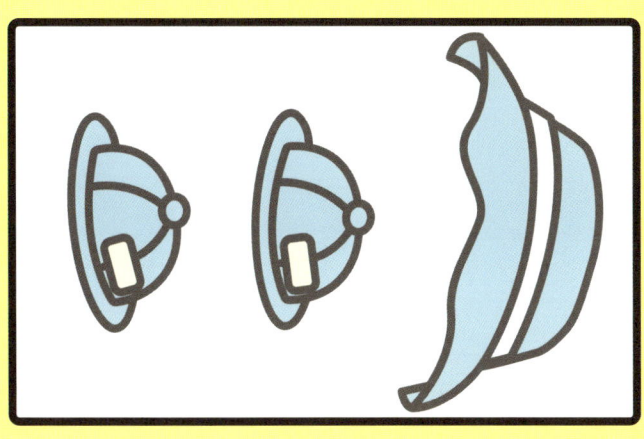

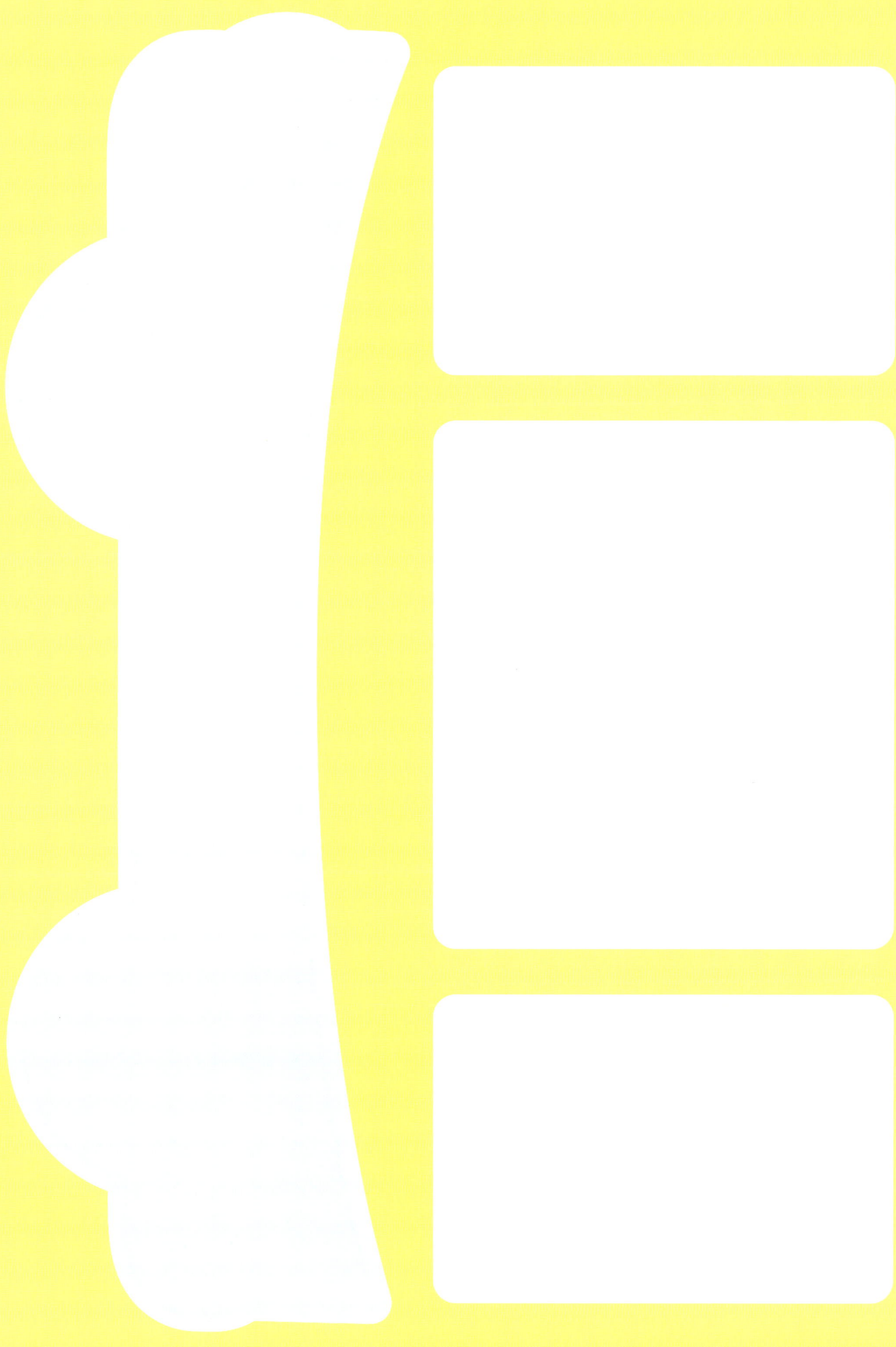

8 캠핑카 종이놀이북

코팅지 / 앞면   박스테이프 / 뒷면

9 캠핑카 종이놀이북

코팅지 / 앞면　박스테이프 / 뒷면

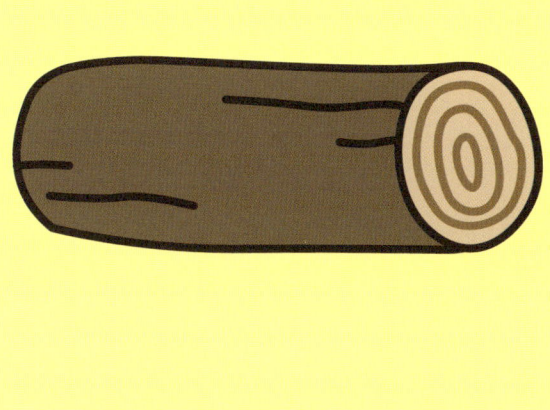

1 바다 여행 종이놀이북

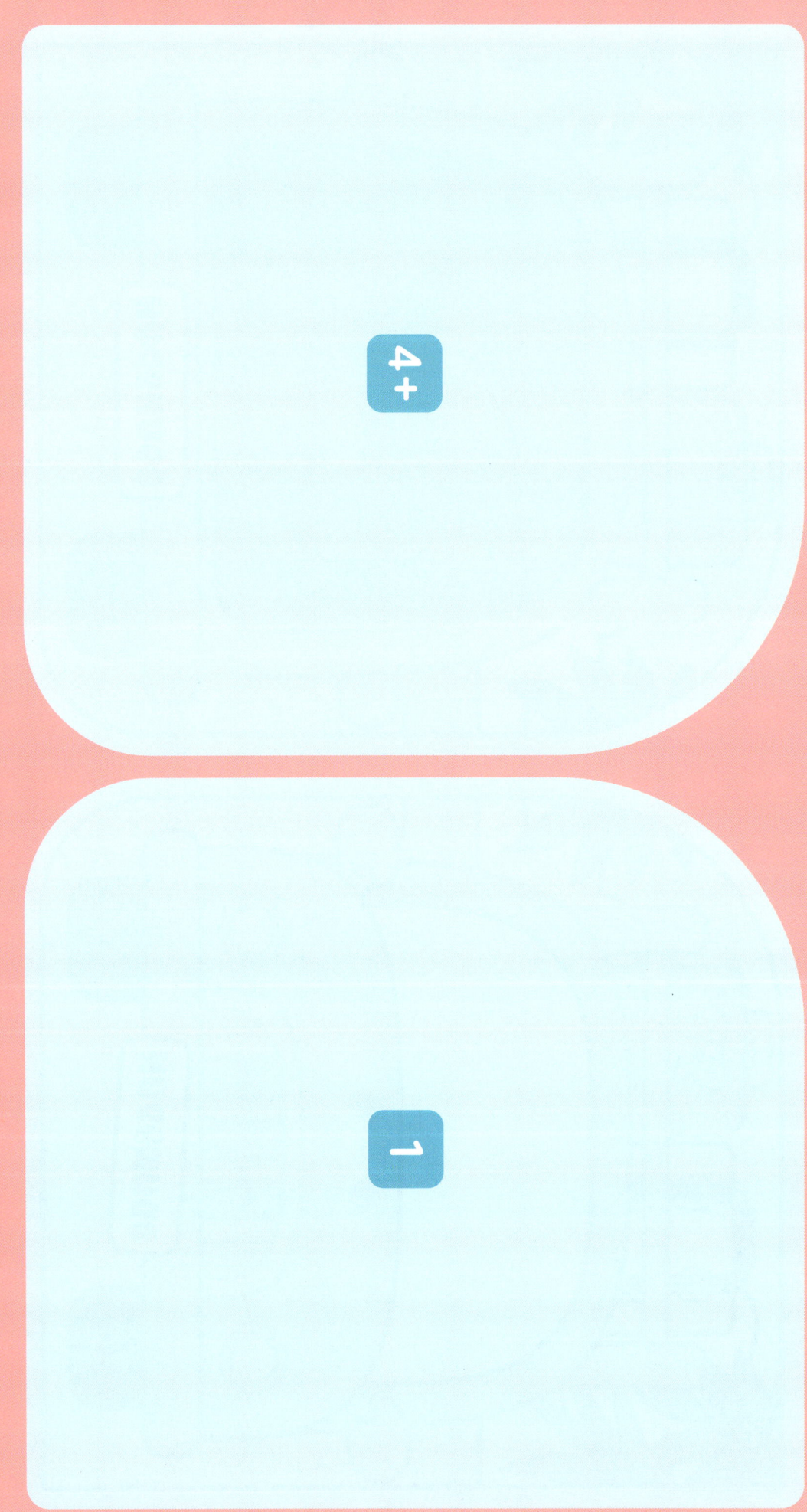

② 바다 여행 종이놀이북

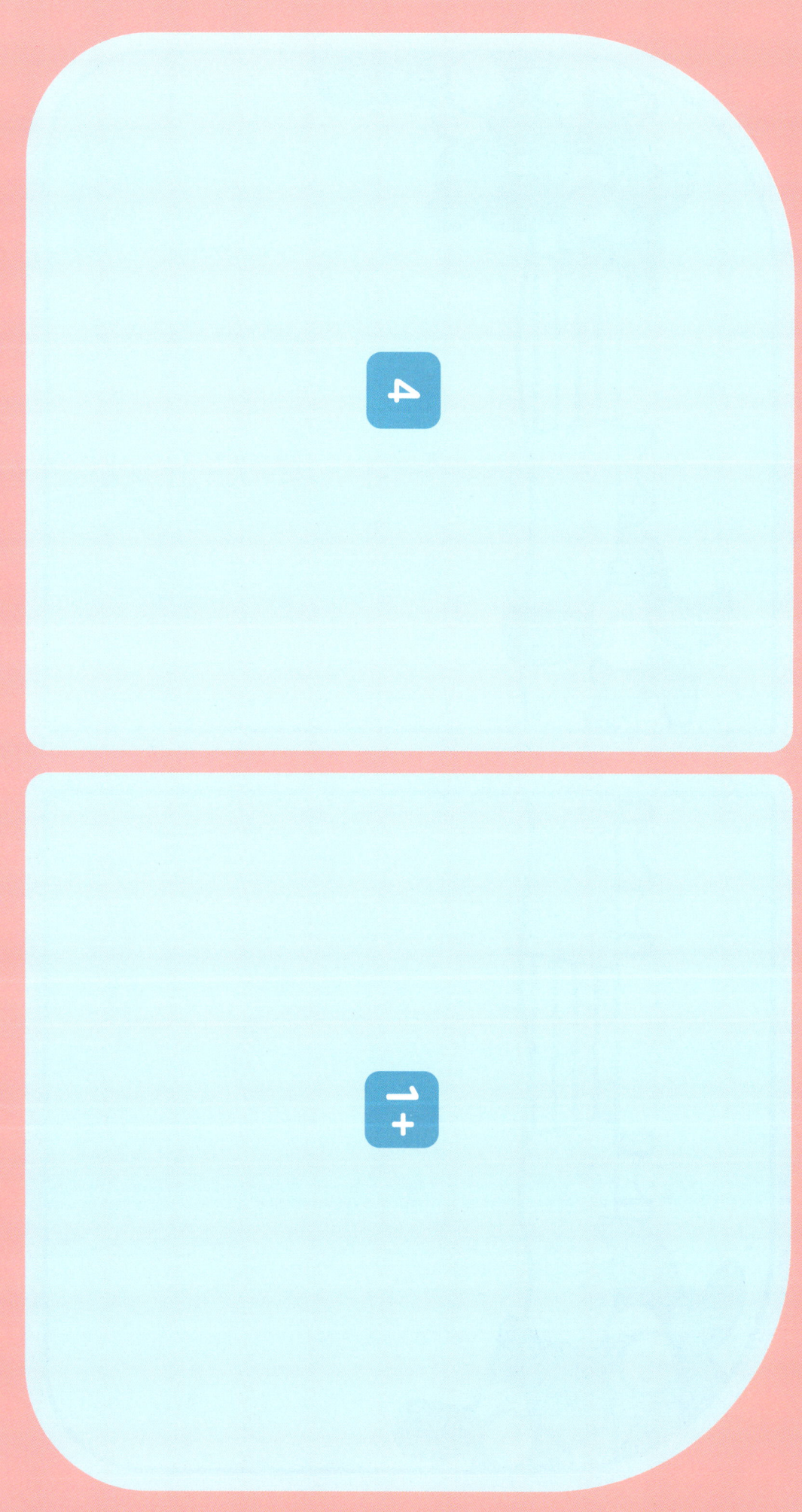

3 바다 여행 종이놀이북

코팅지 / 앞면

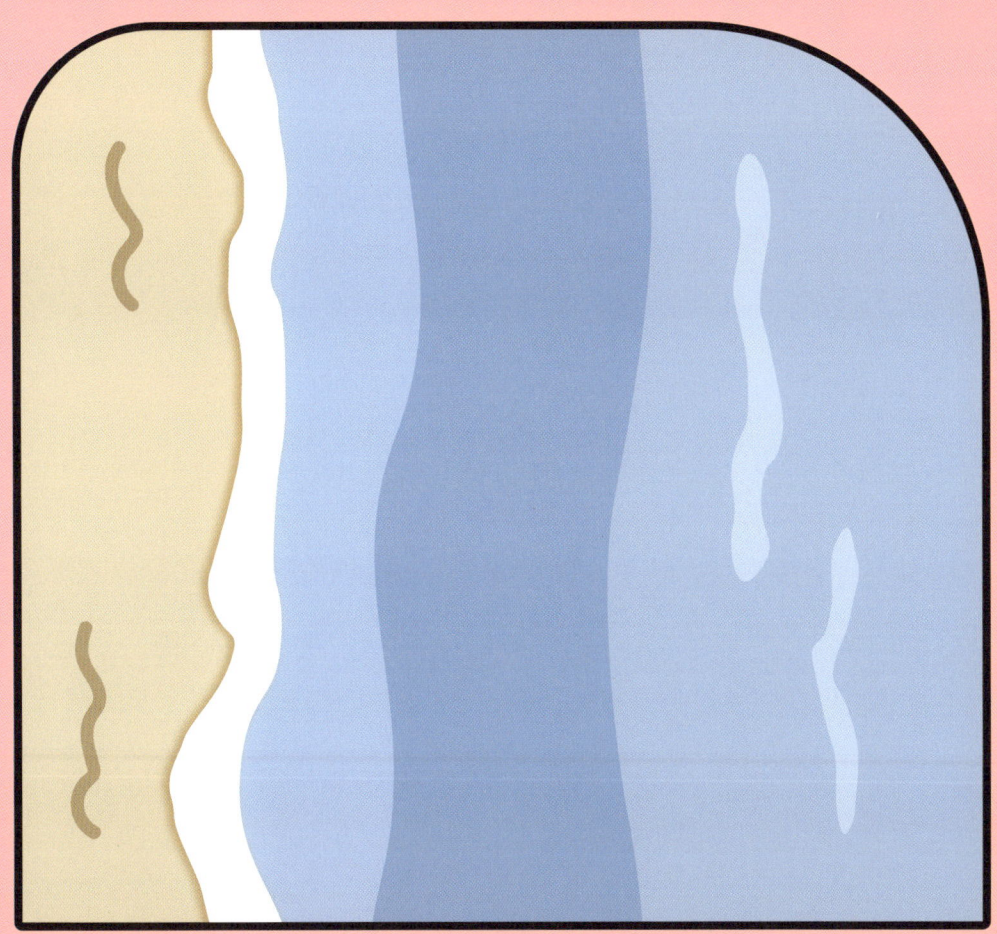
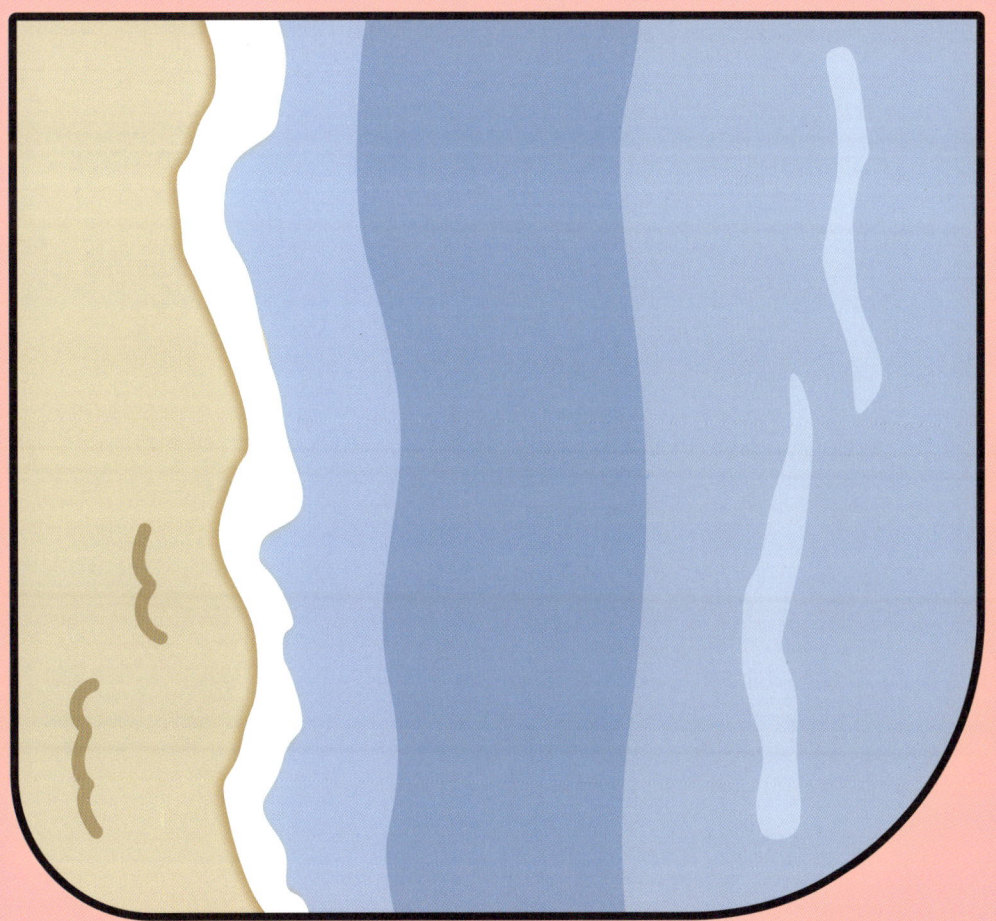

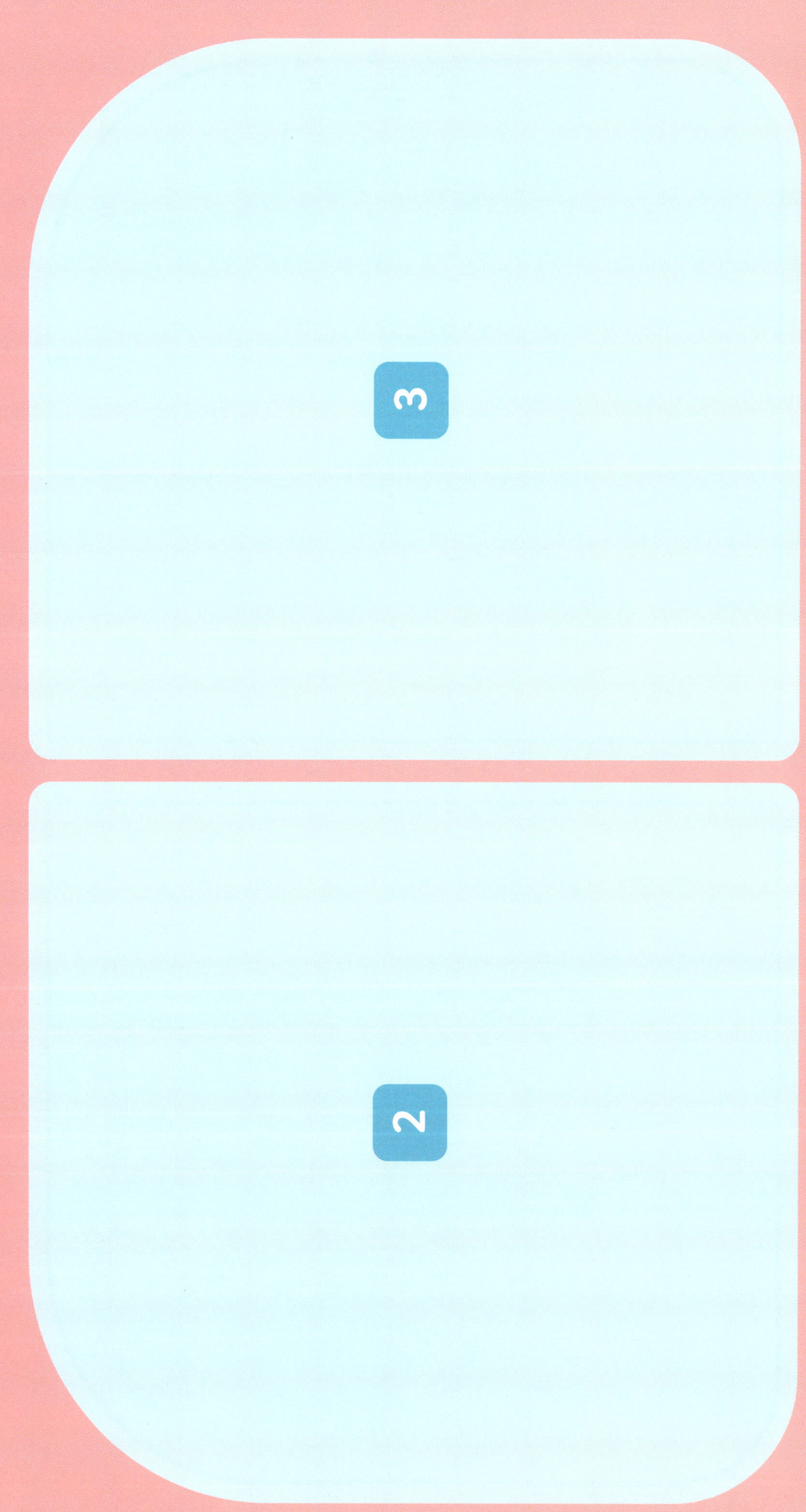

4 바다 여행 종이놀이북

코팅지 / 앞면

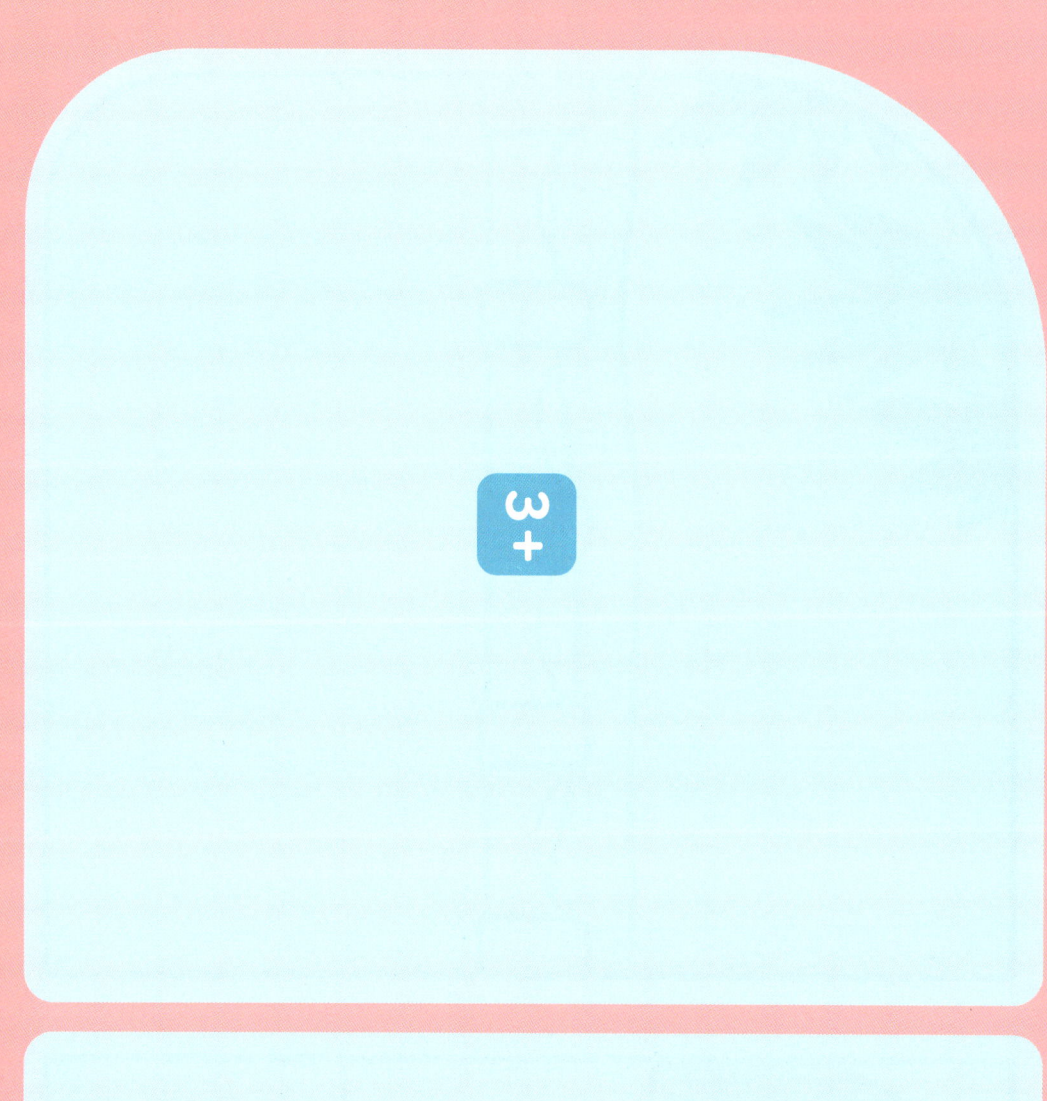

❺ 바다 여행 종이놀이북

코팅지 / 양면

6 바다 여행 종이놀이북

코팅지 / 양면

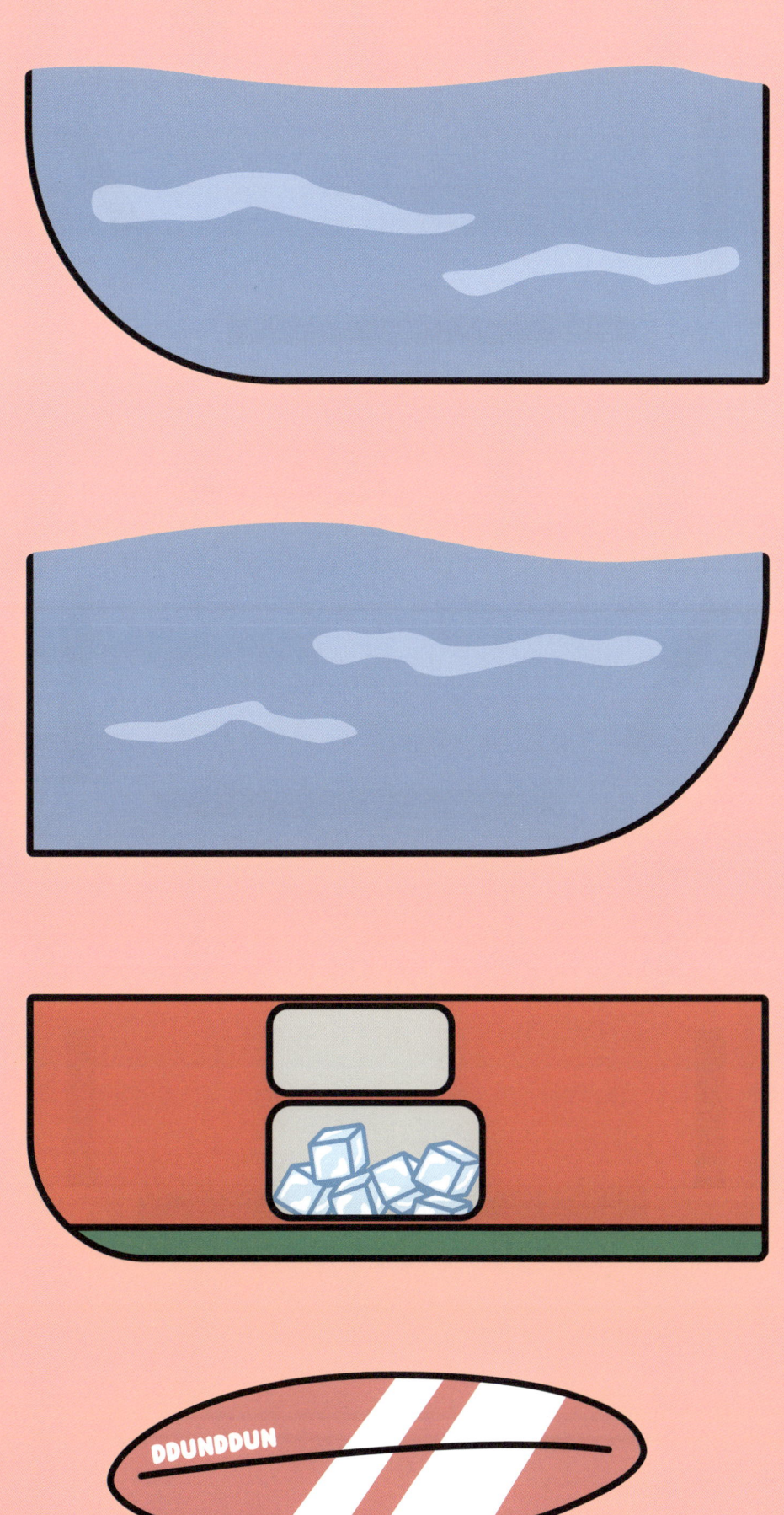

7 바다 여행 종이놀이북

코팅지 / 앞면　박스테이프 / 뒷면

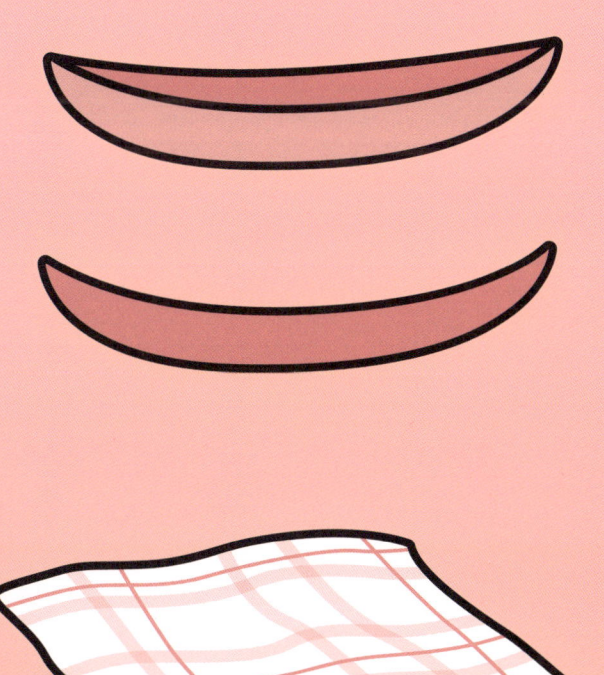

104

⑧ 바다 여행 종이놀이북

코팅지 / 앞면   박스테이프 / 뒷면

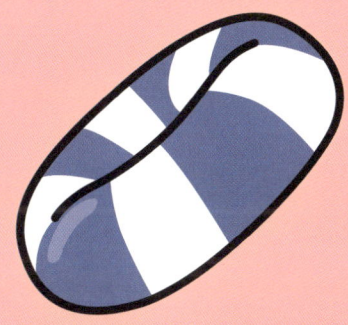

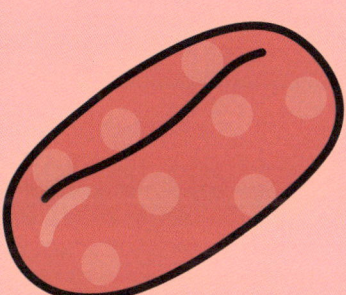

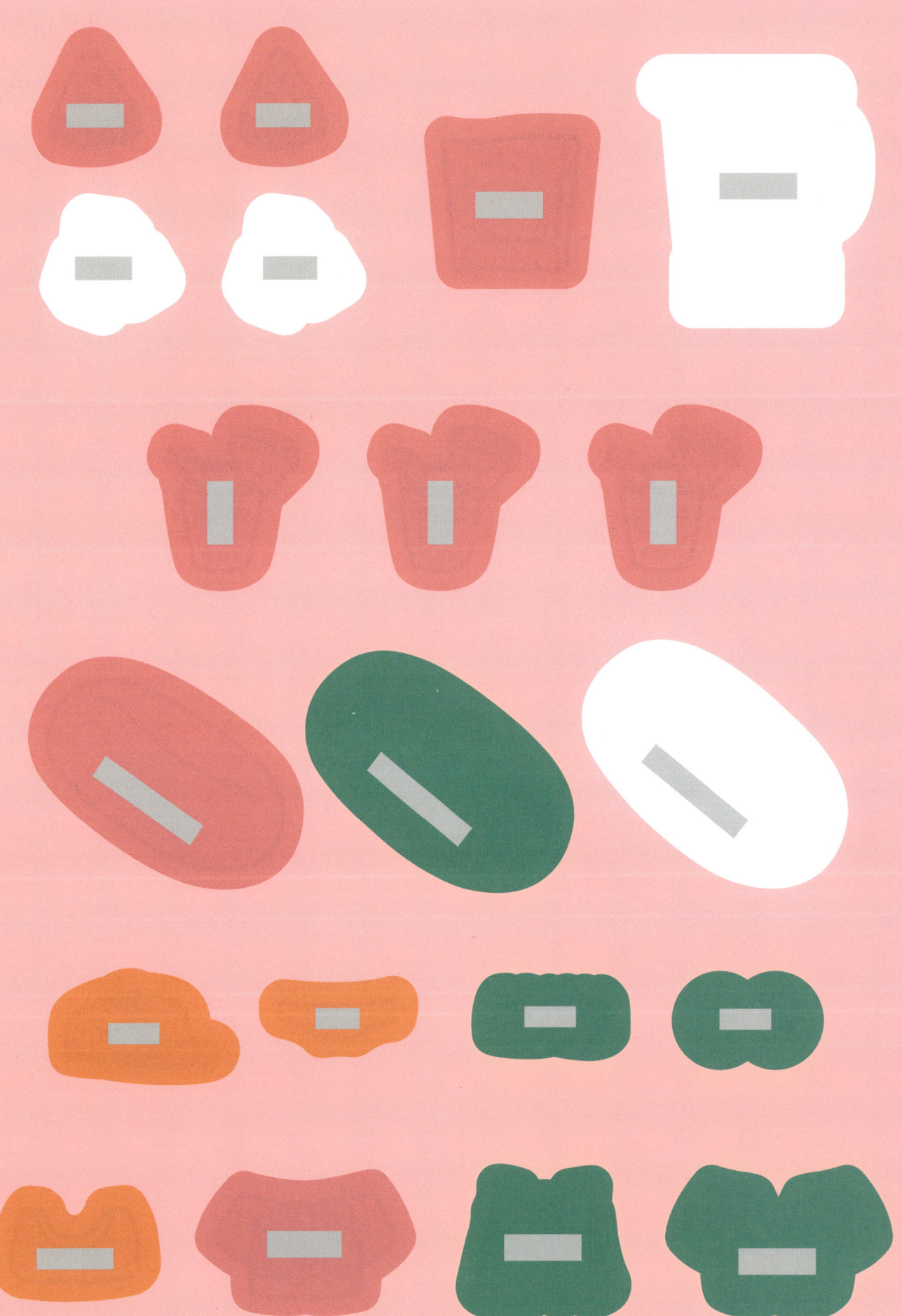

1 계란프라이 종이놀이북

코팅지 / 앞면

107

2 계란프라이 종이놀이북

코팅지 / 앞면

❸ 계란프라이 종이놀이북

코팅지 / 앞면

111

4 계란프라이 종이놀이북

코팅지 / 앞면

5 계란프라이 종이놀이북

코팅지 / 양면

6 계란프라이 종이놀이북

코팅지 / 양면

7 계란프라이 종이놀이북

코팅지 / 앞면   박스테이프 / 뒷면

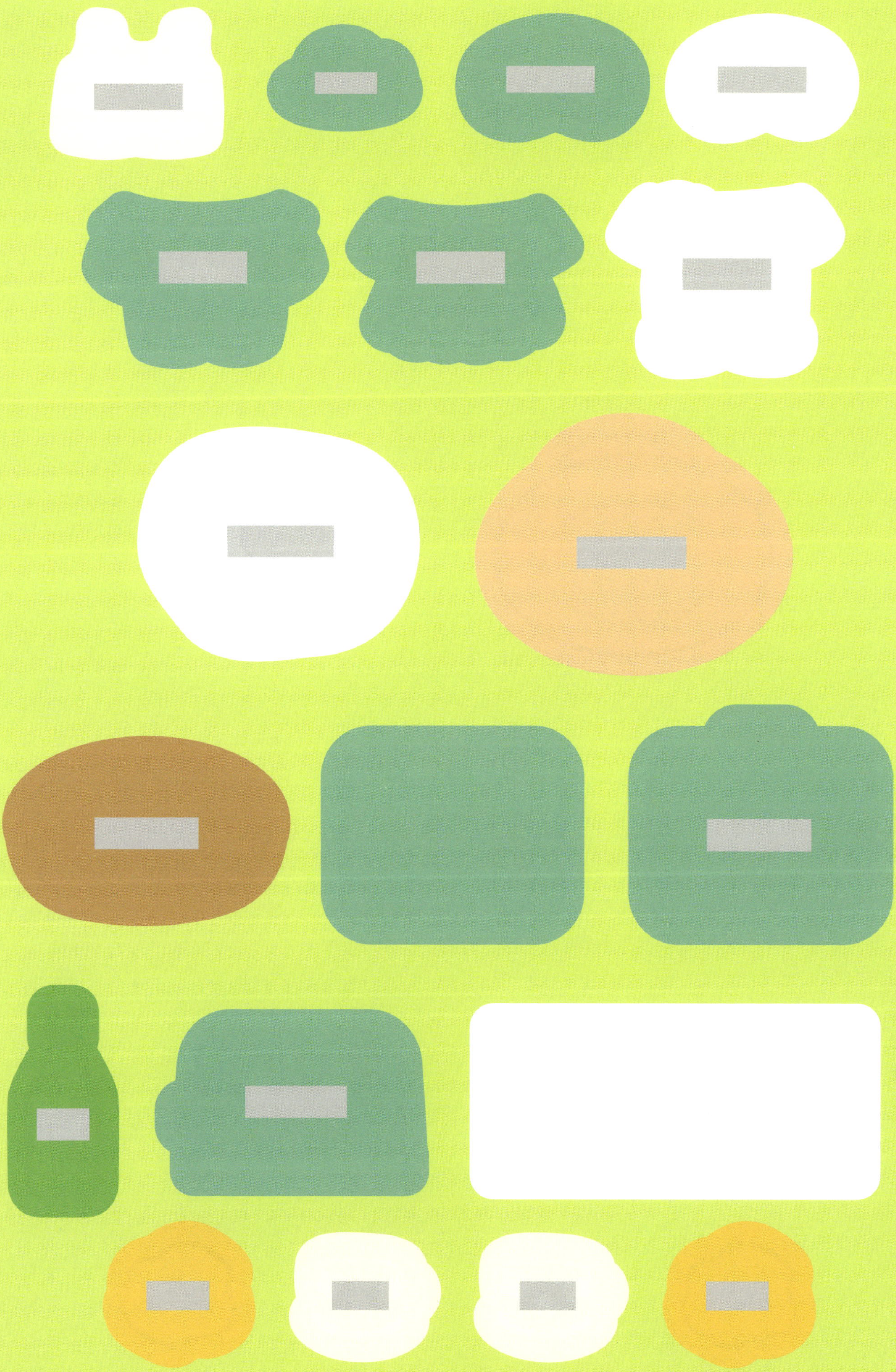

8 계란프라이 종이놀이북

코팅지 / 앞면　박스테이프 / 뒷면

1 떡 카페 종이놀이북

코팅지 / 앞면

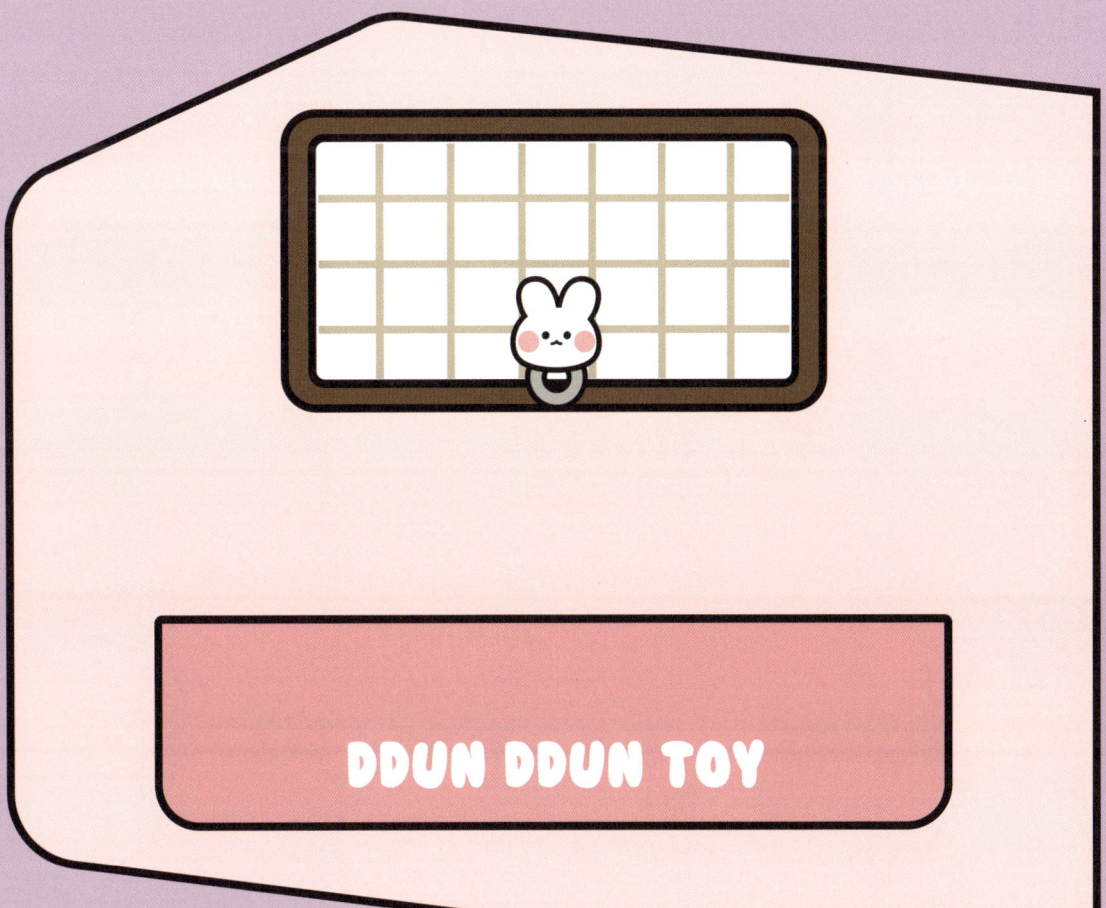

❷ 떡 카페 종이놀이북

코팅지 / 앞면

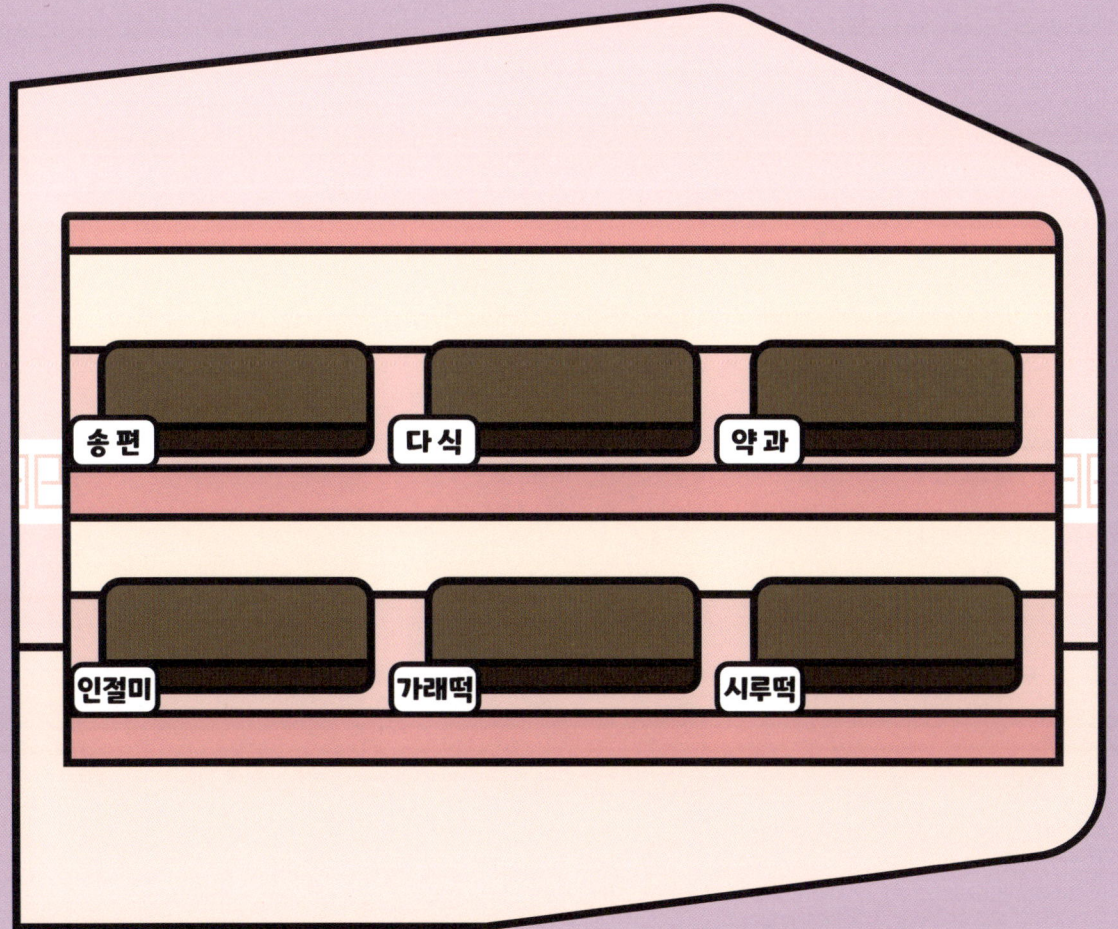

3 떡 카페 종이놀이북

코팅지 / 앞면

④ 떡 카페 종이놀이북

코팅지 / 앞면

5 떡 카페 종이놀이북

코팅지 / 앞면 박스테이프 / 뒷면

DDUN DDUN TOY

6 떡 카페 종이놀이북

코팅지 / 앞면   박스테이프 / 뒷면

1 뚠뚠마트 종이놀이북

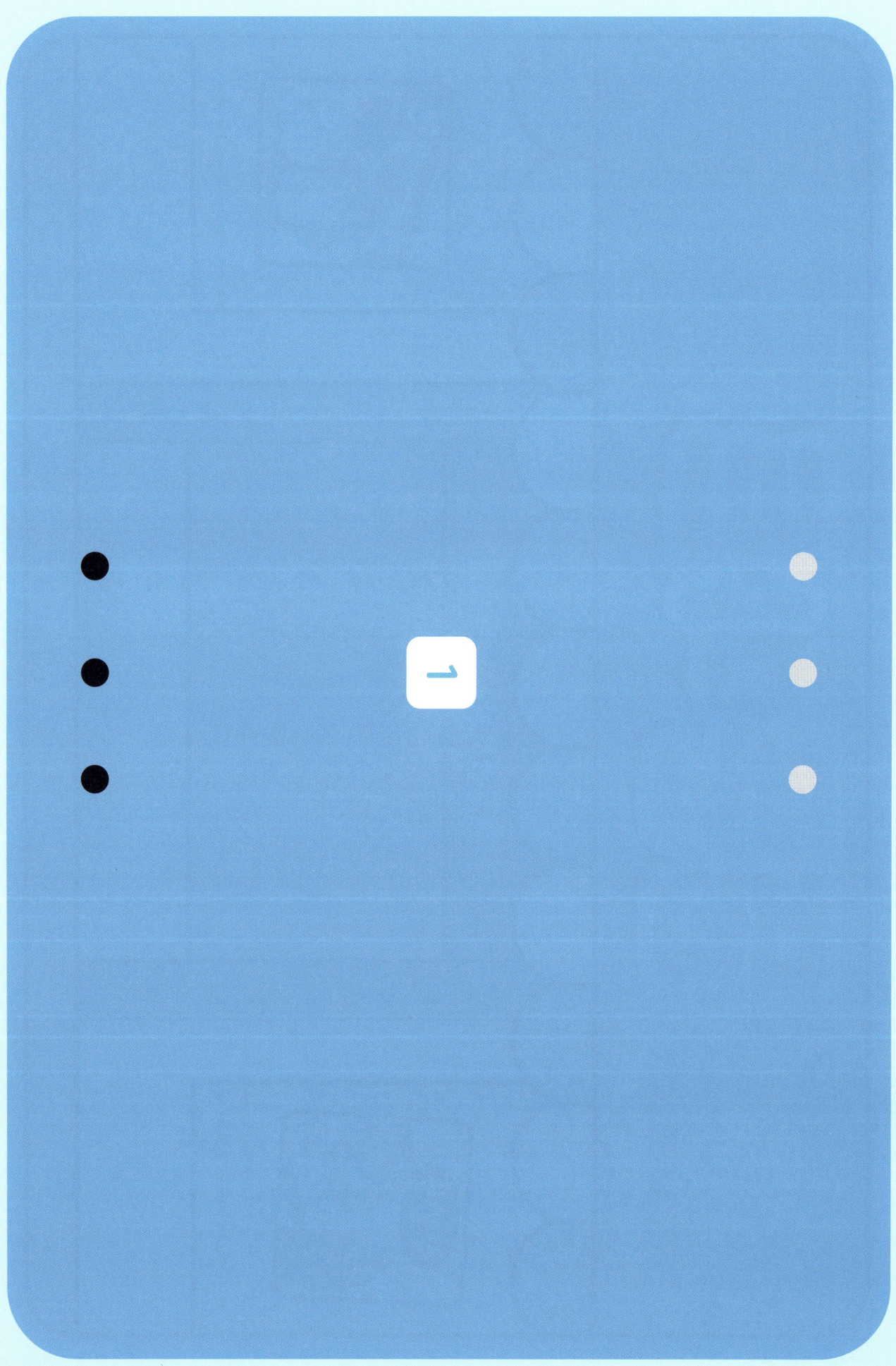

2 뚠뚠마트 종이놀이북

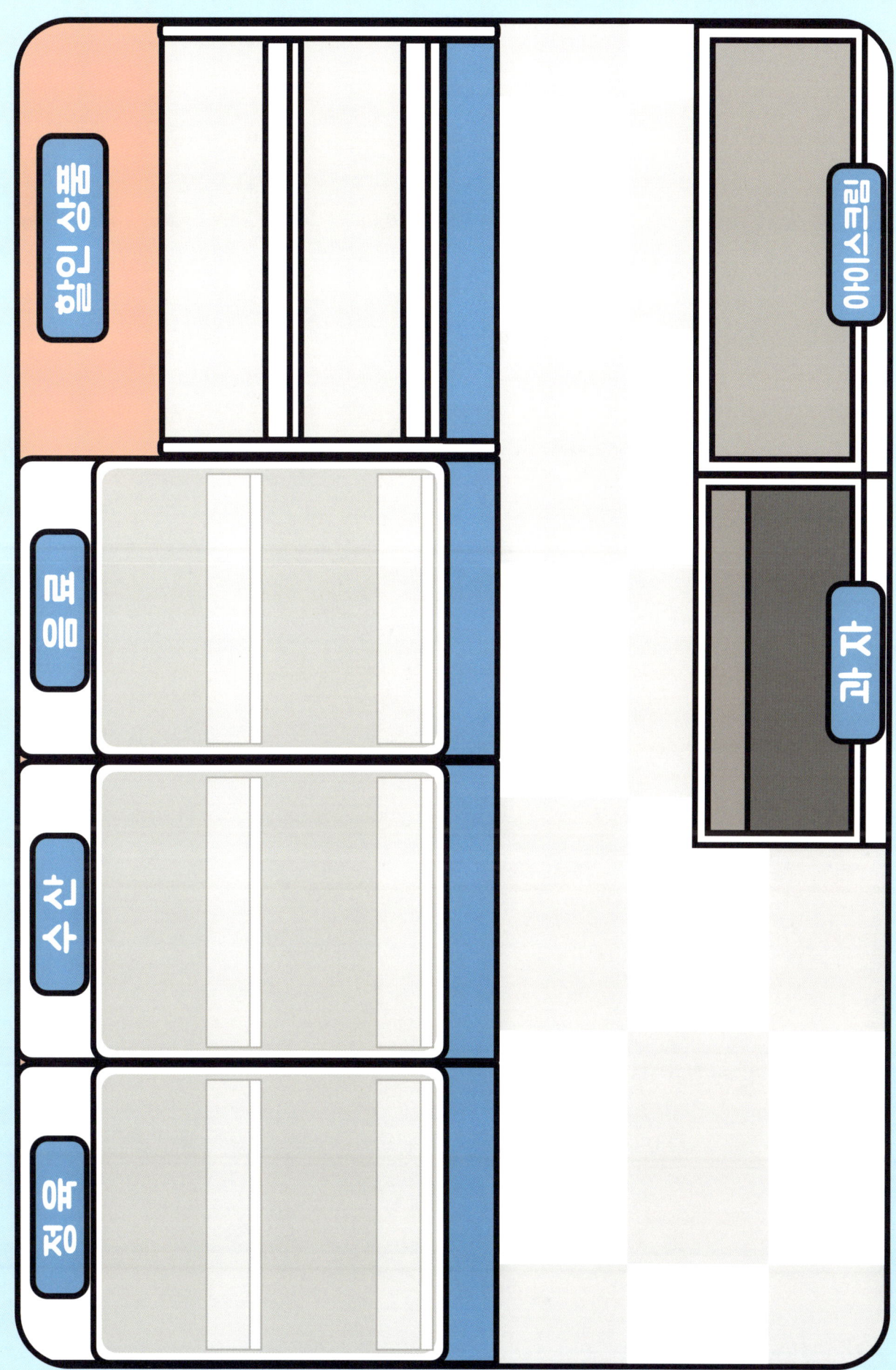

③ 뚠뚠마트 종이놀이북

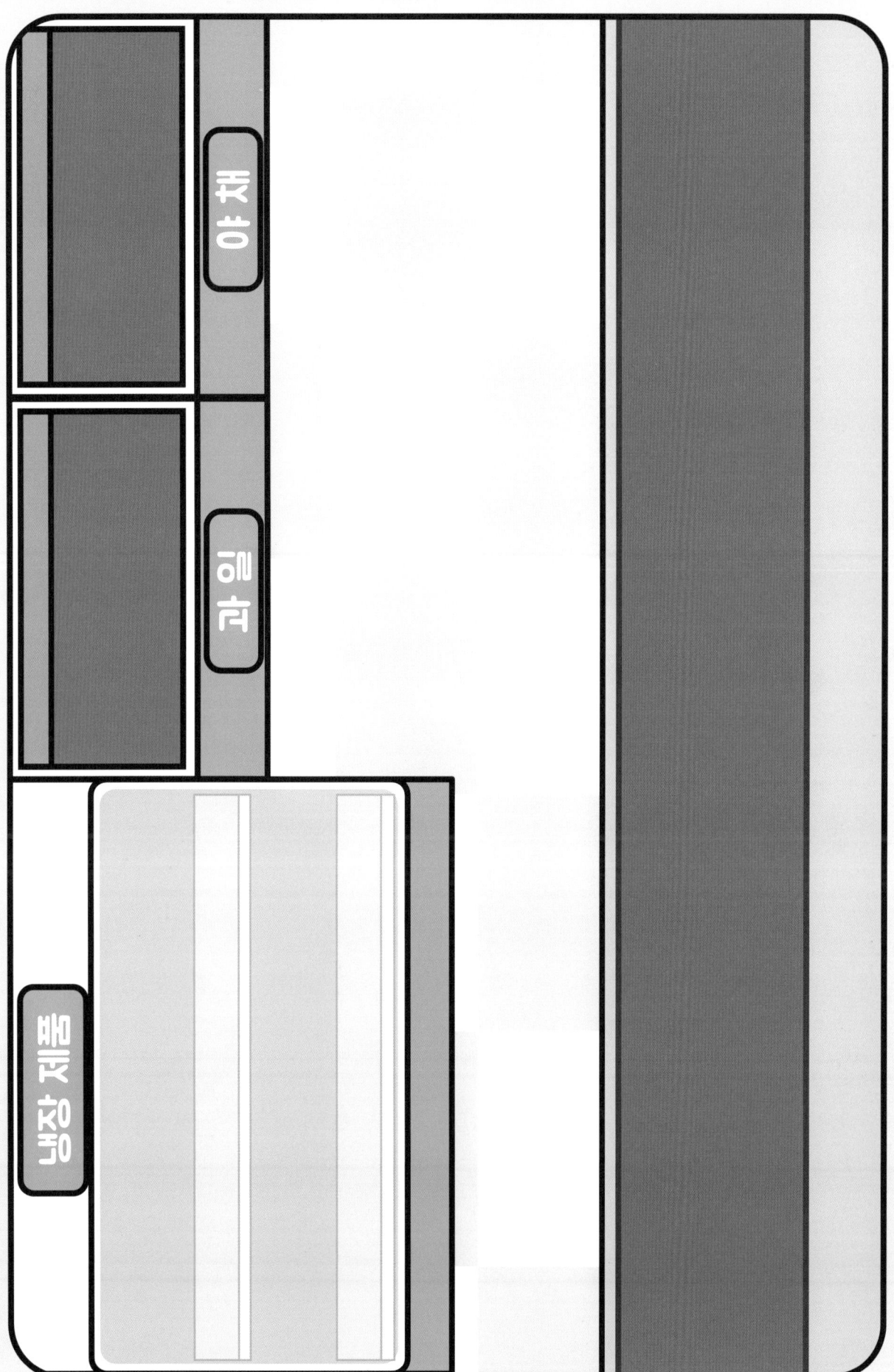

④ 뚠뚠마트 종이놀이북

코팅지 / 앞면

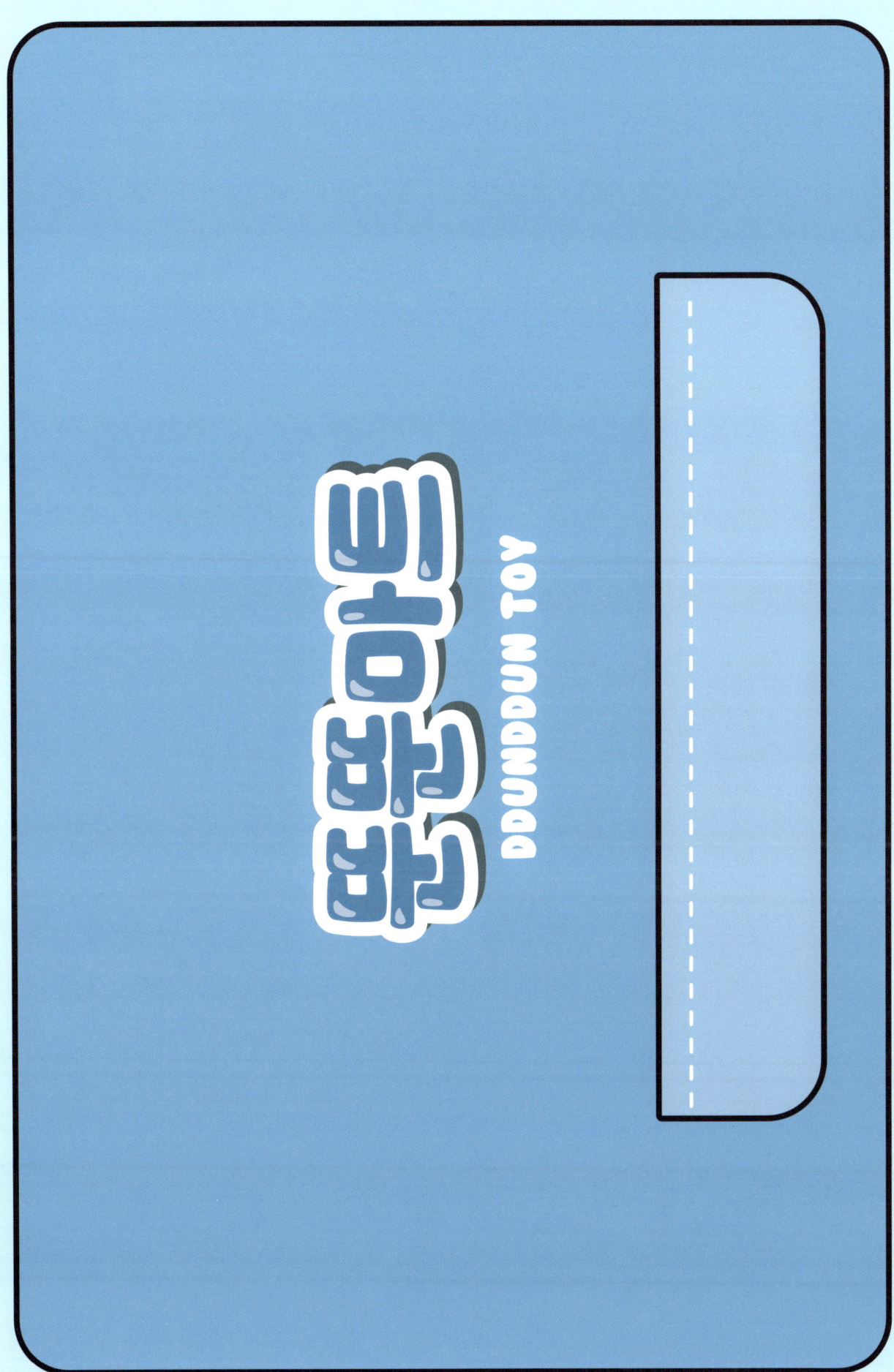

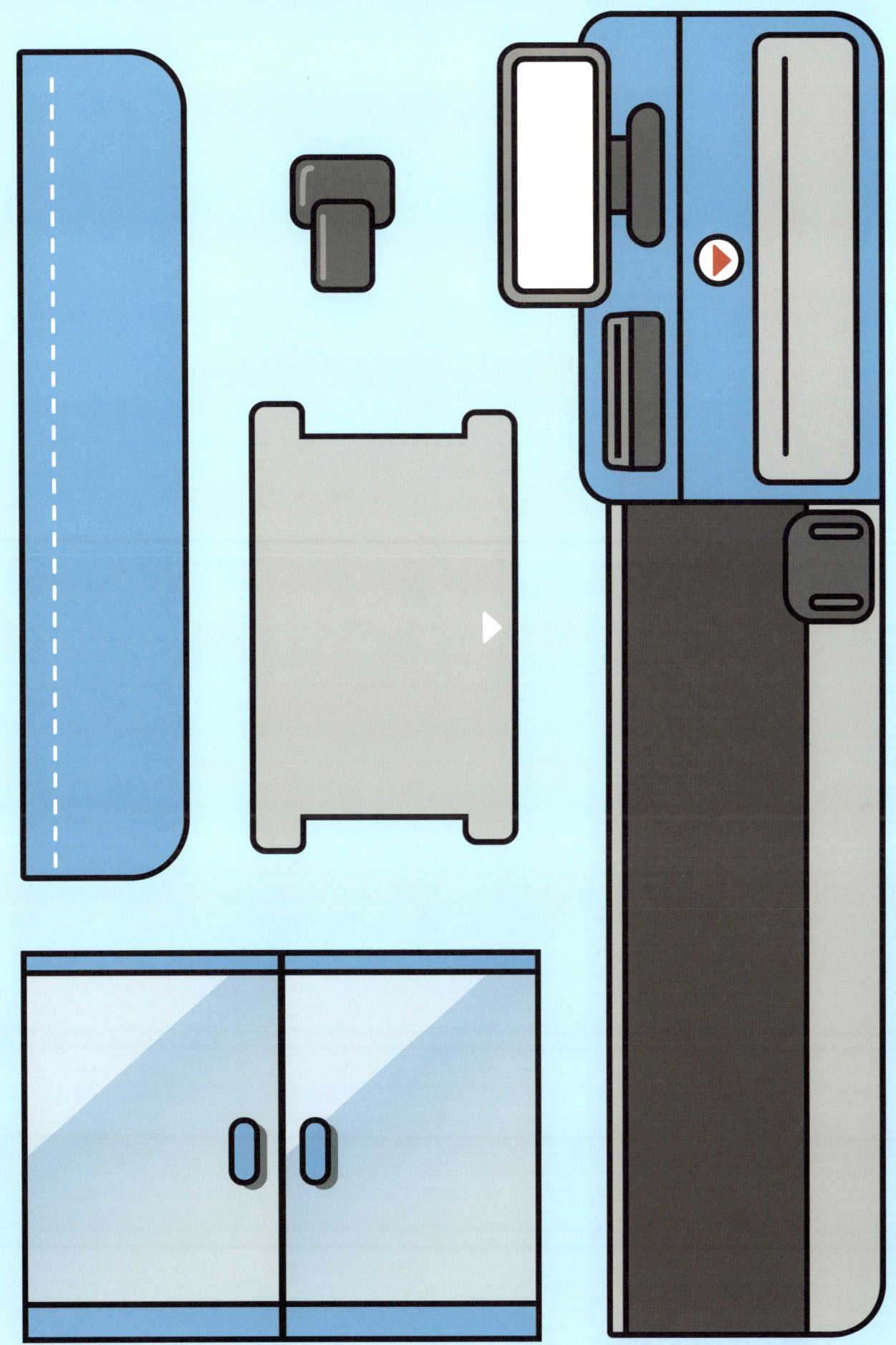

⑥ 뚠뚠마트 종이놀이북

7 뚠뚠마트 종이놀이북

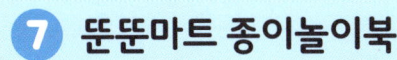

   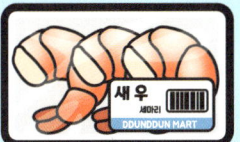

8 뚠뚠마트 종이놀이북

코팅지 / 앞면   박스테이프 / 뒷면

 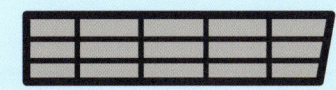

1 젤리곰 병원 종이놀이북

코팅지 / 앞면

❷ 젤리곰 병원 종이놀이북

3 젤리곰 병원 종이놀이북

코팅지 / 앞면

155

4 젤리곰 병원 종이놀이북

코팅지 / 앞면   박스테이프 / 뒷면

157

6 젤리곰 병원 종이놀이북

코팅지 / 앞면　박스테이프 / 뒷면

   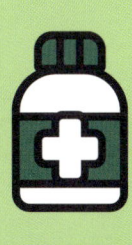

① 햄스터 유치원 종이놀이북

② 햄스터 유치원 종이놀이북

코팅지 / 앞면

3 햄스터 유치원 종이놀이북

코팅지 / 앞면

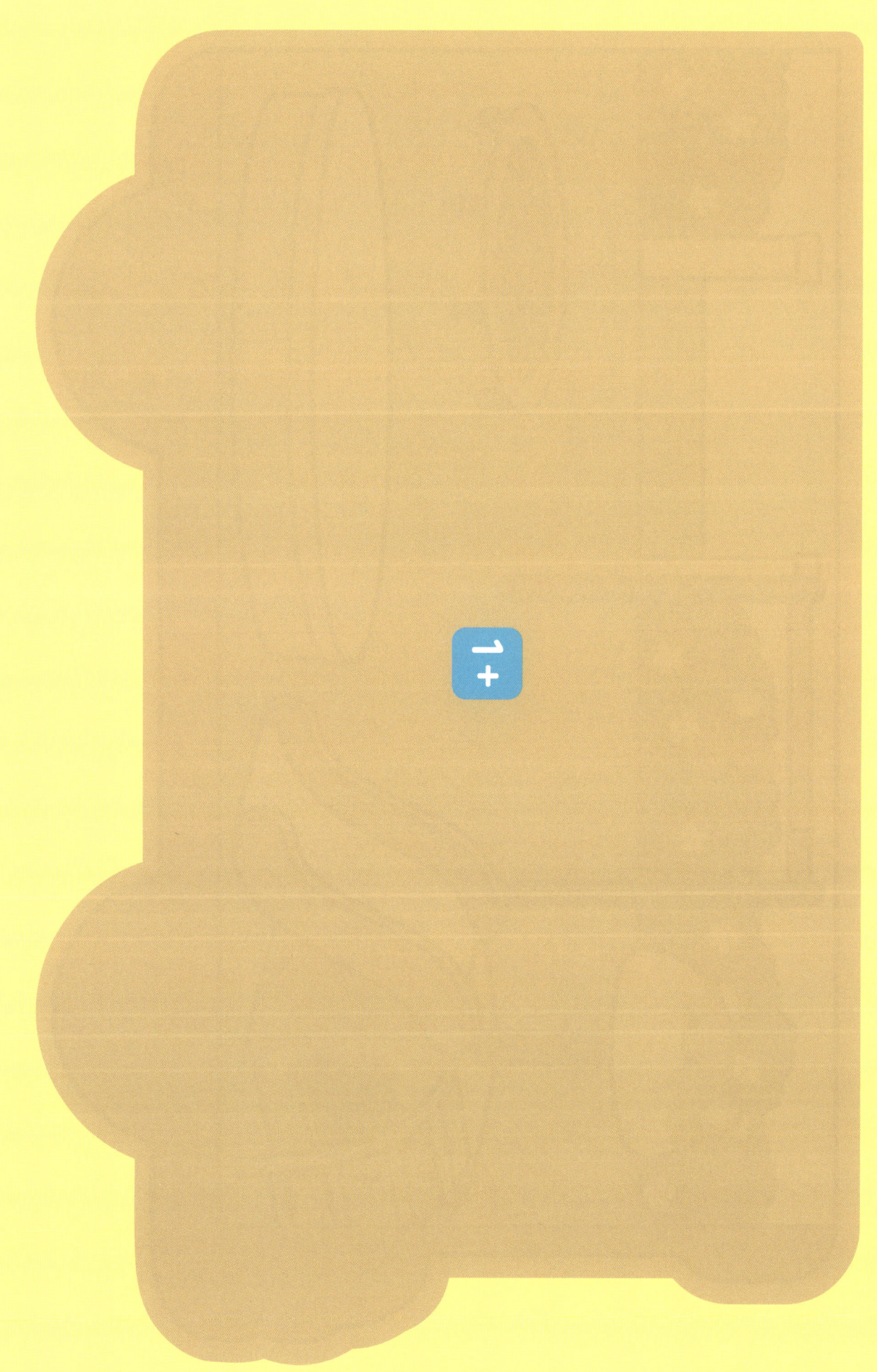

❹ 햄스터 유치원 종이놀이북

코팅지 / 앞면

5 햄스터 유치원 종이놀이북

코팅지 / 앞면

❻ 햄스터 유치원 종이놀이북

코팅지 / 앞면

7 햄스터 유치원 종이놀이북

코팅지 / 앞면   박스테이프 / 뒷면

175

8 햄스터 유치원 종이놀이북

9 햄스터 유치원 종이놀이북

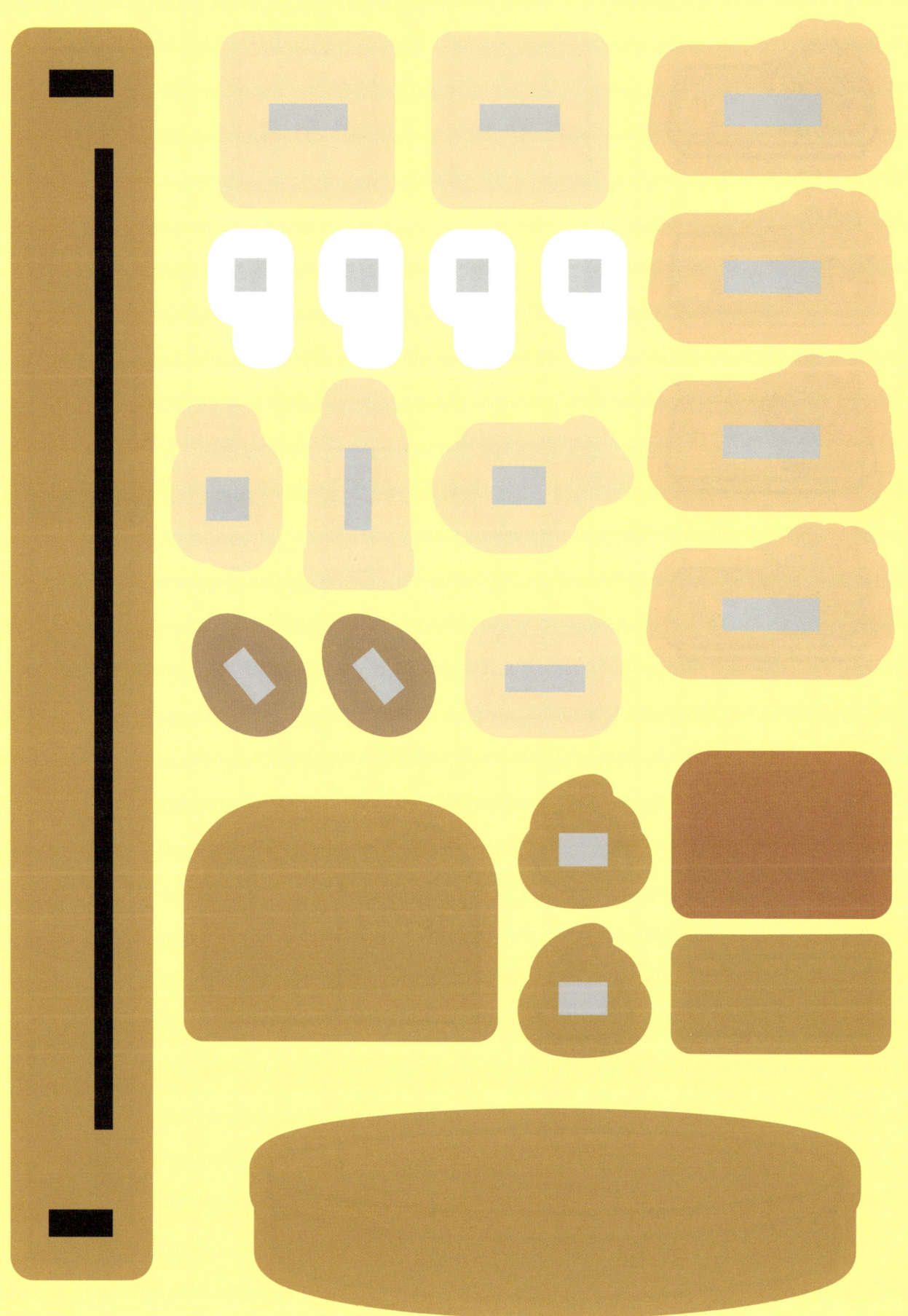

1 백설공주 종이놀이북

코팅지 / 앞면

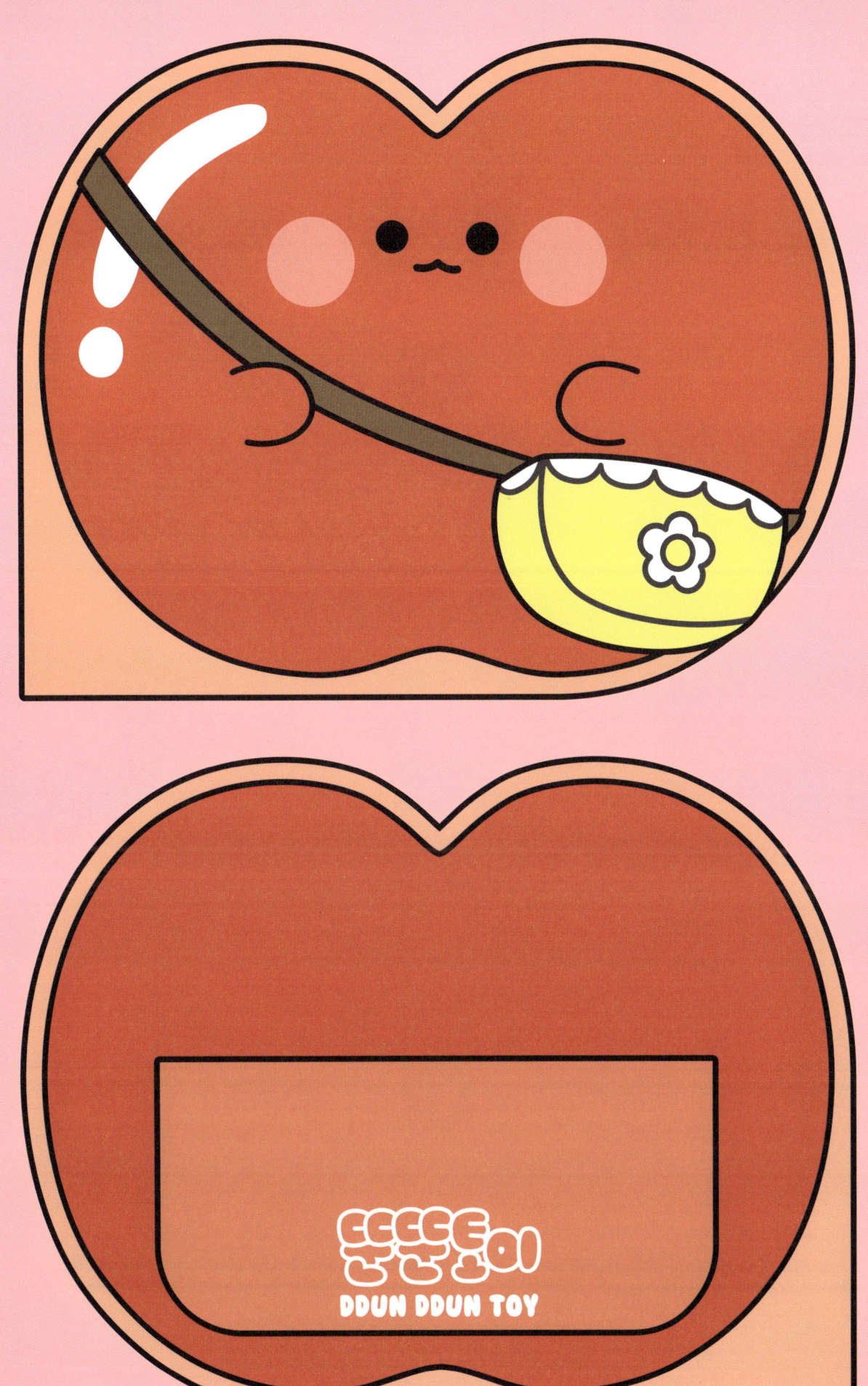

코팅지 / 앞면

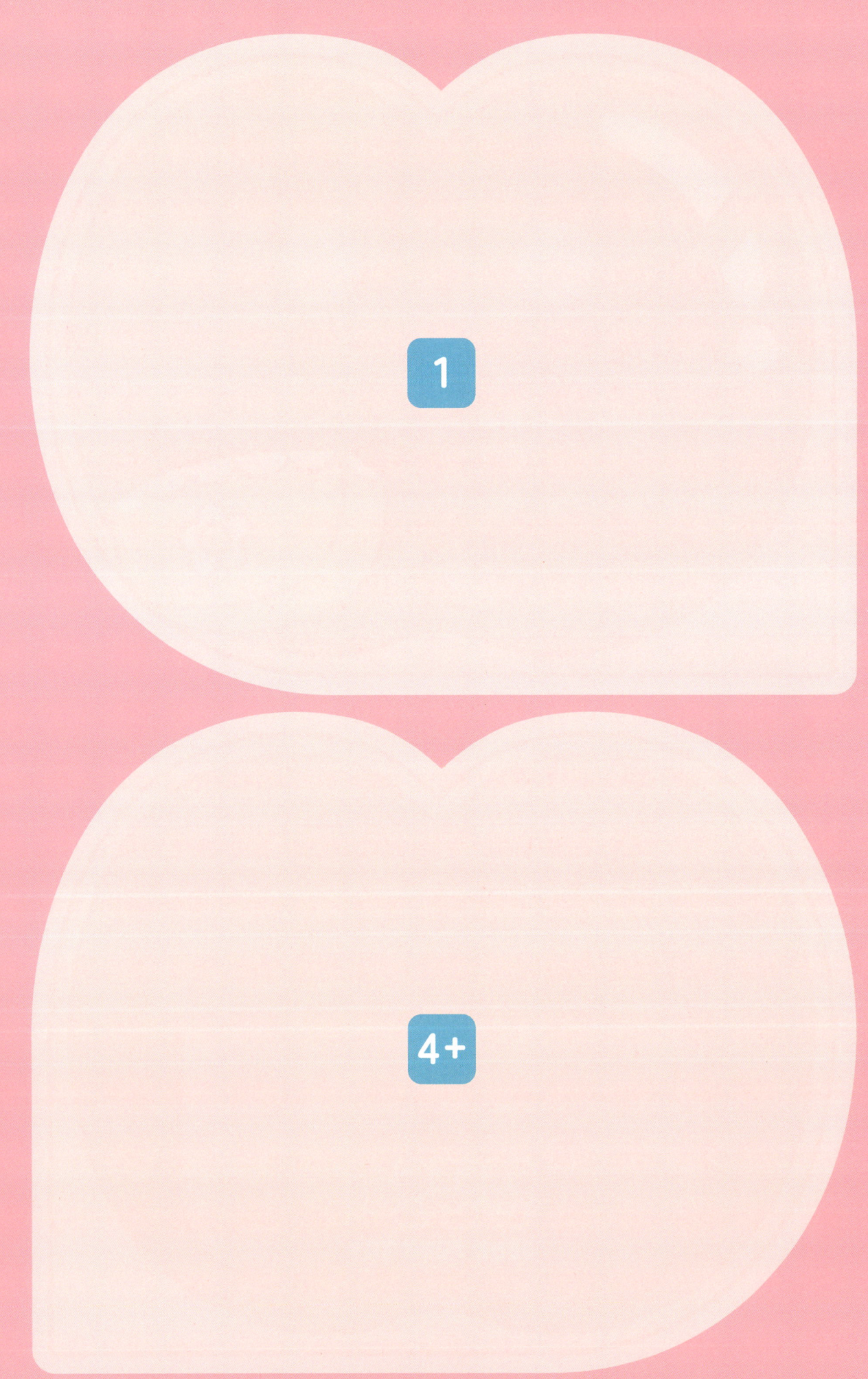

2 백설공주 종이놀이북

코팅지 / 앞면

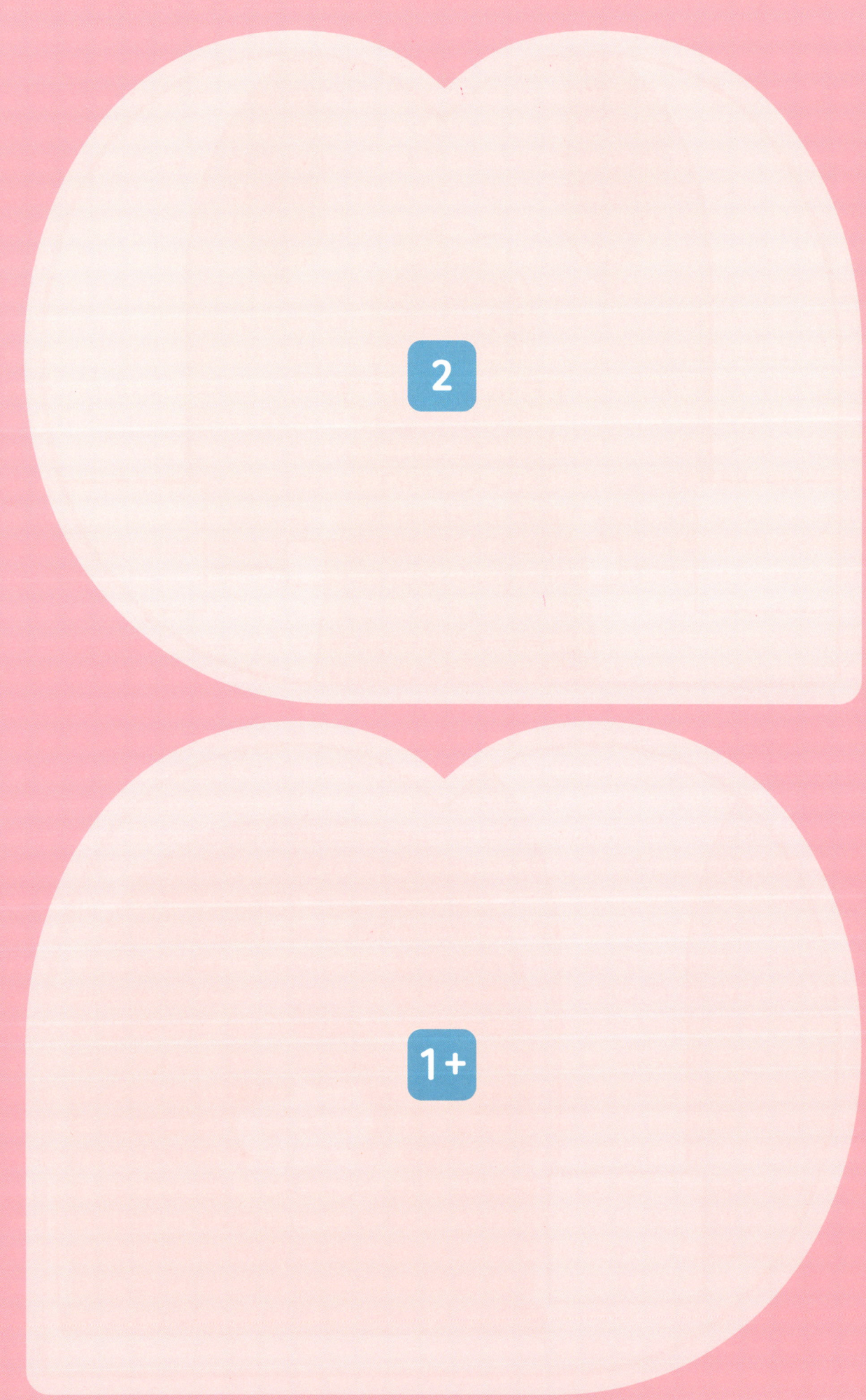

❸ 백설공주 종이놀이북

코팅지 / 앞면

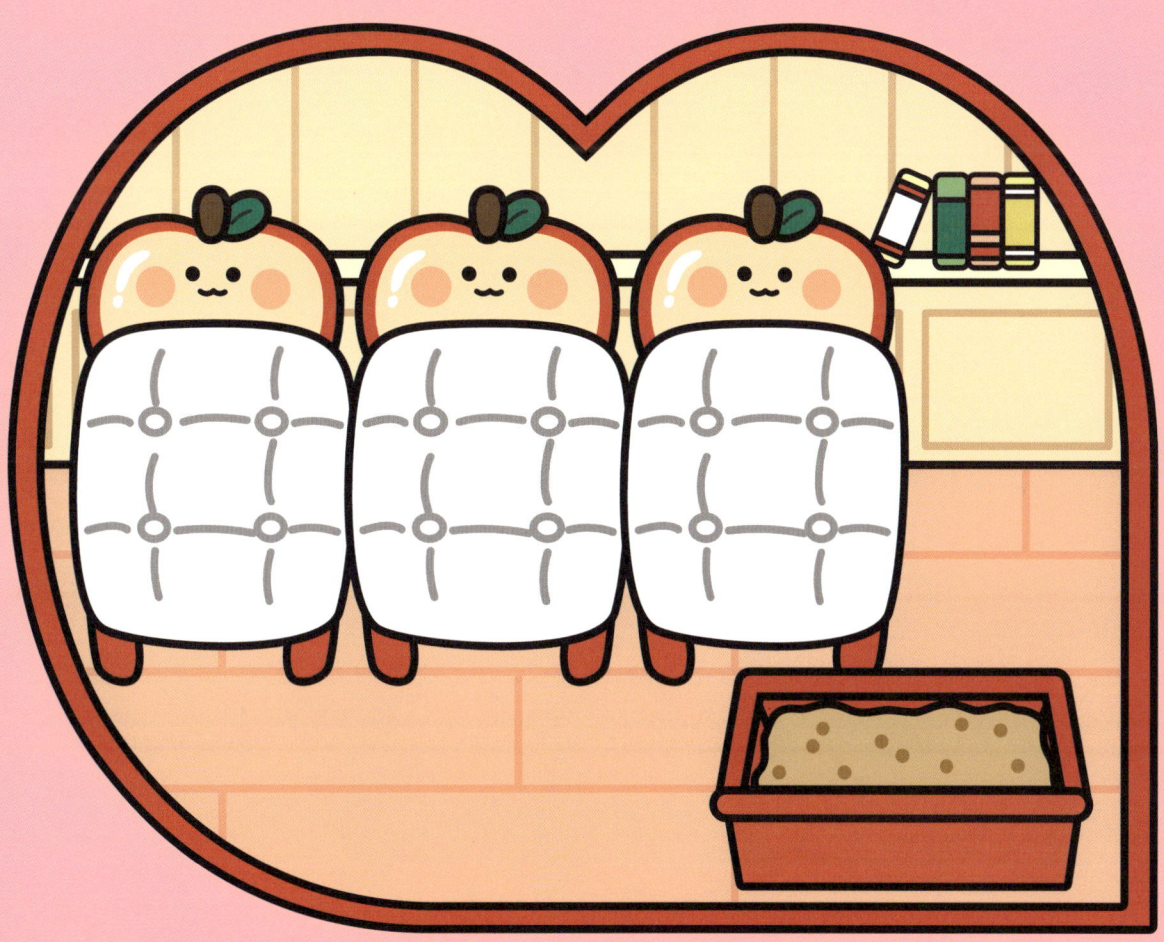

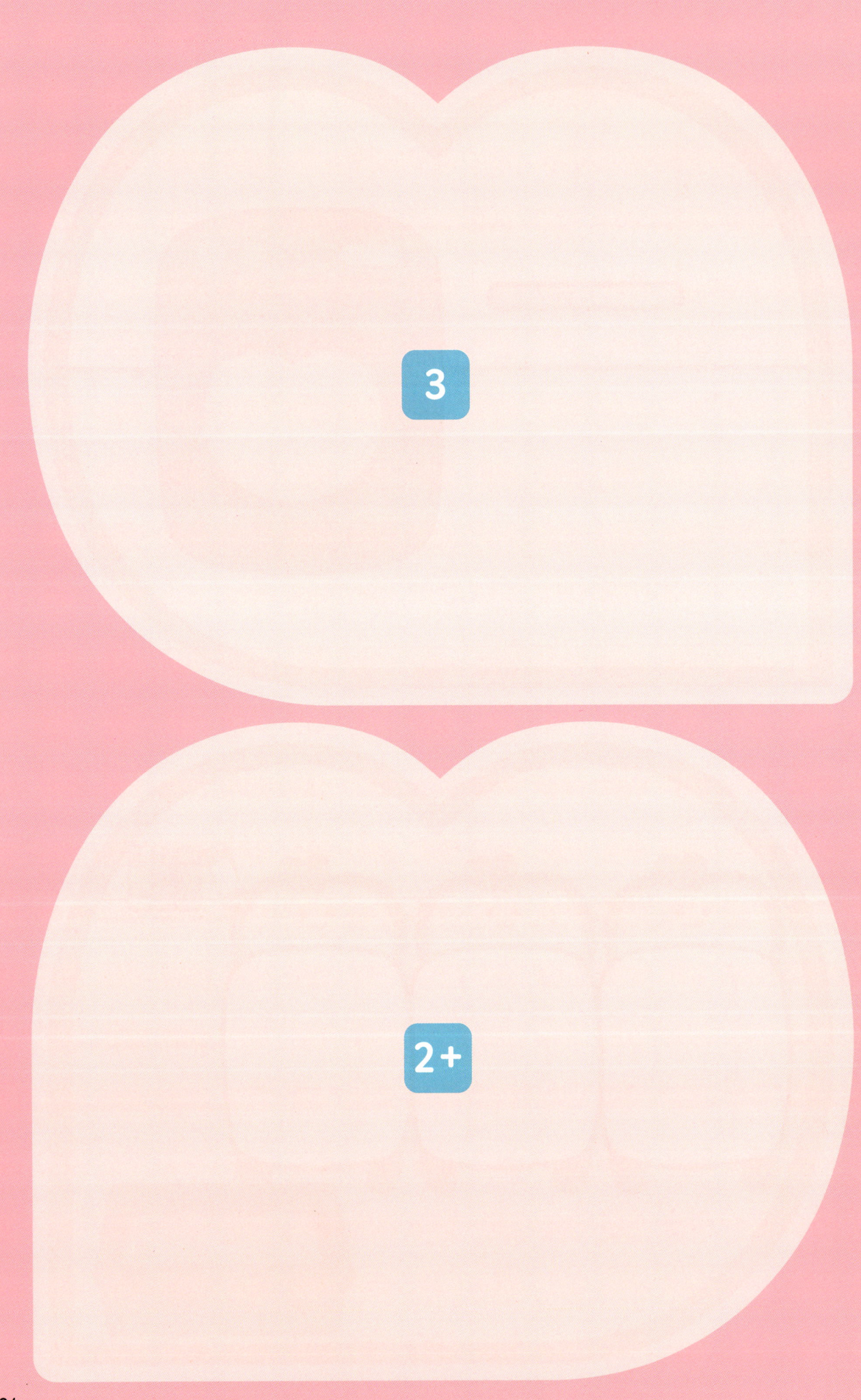

4 백설공주 종이놀이북

코팅지 / 앞면

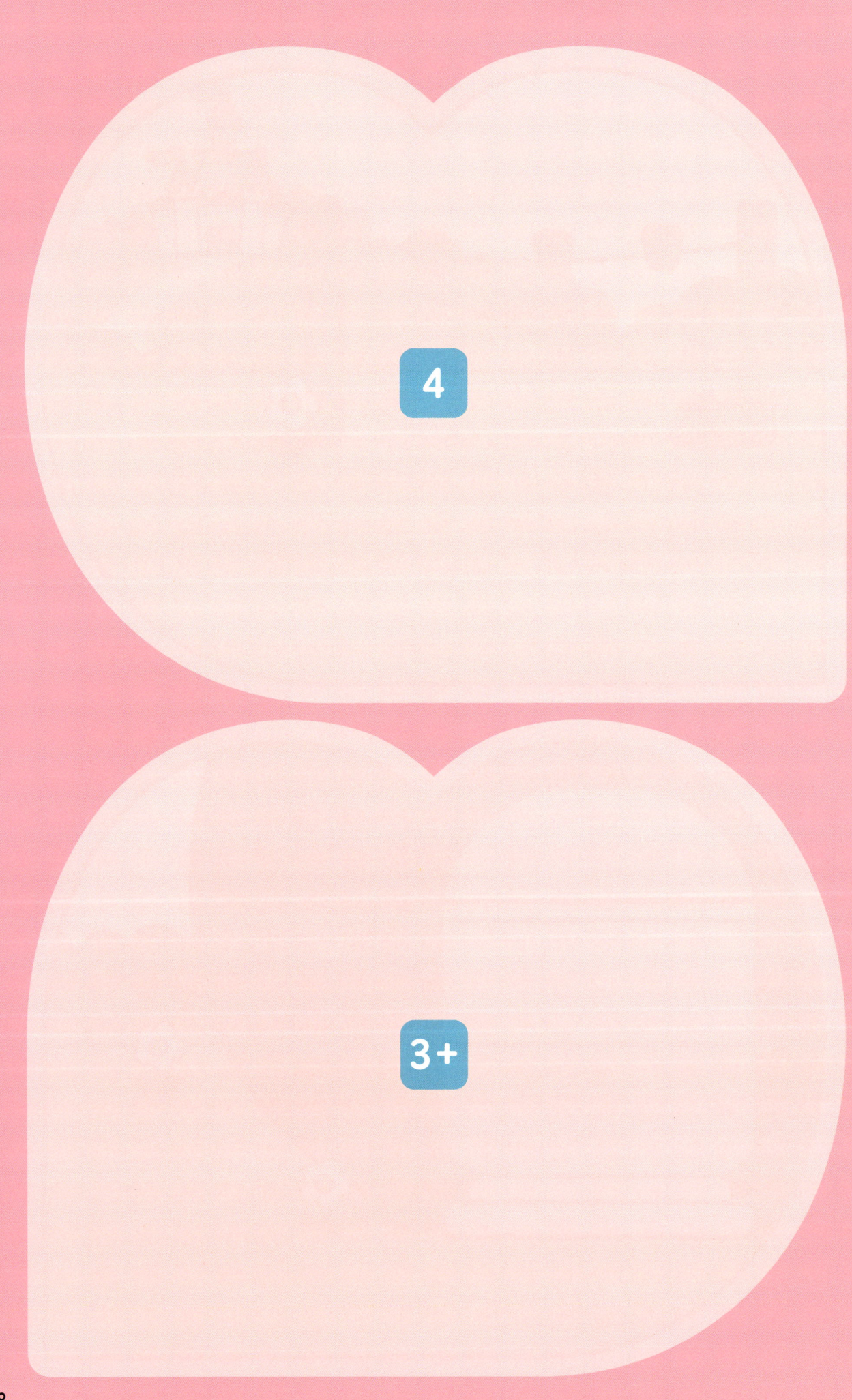

❺ 백설공주 종이놀이북

6 백설공주 종이놀이북

코팅지 / 앞면   박스테이프 / 뒷면

7 백설공주 종이놀이북

코팅지 / 앞면   박스테이프 / 뒷면

1 신데렐라 미용실 종이놀이북

코팅지 / 앞면

1

4+

2 신데렐라 미용실 종이놀이북

코팅지 / 앞면

3 신데렐라 미용실 종이놀이북

4 신데렐라 미용실 종이놀이북

5 신데렐라 미용실 종이놀이북

코팅지 / 앞면   박스테이프 / 뒷면

203

❻ 신데렐라 미용실 종이놀이북

코팅지 / 앞면   박스테이프 / 뒷면

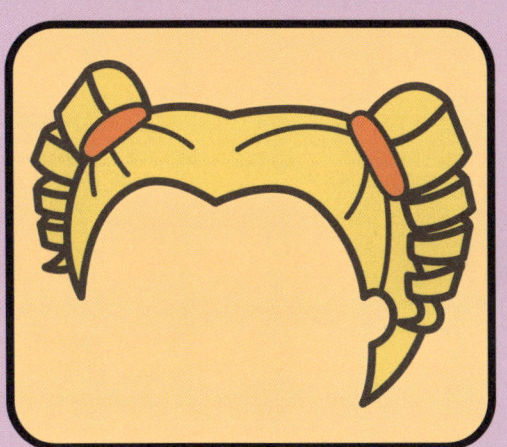
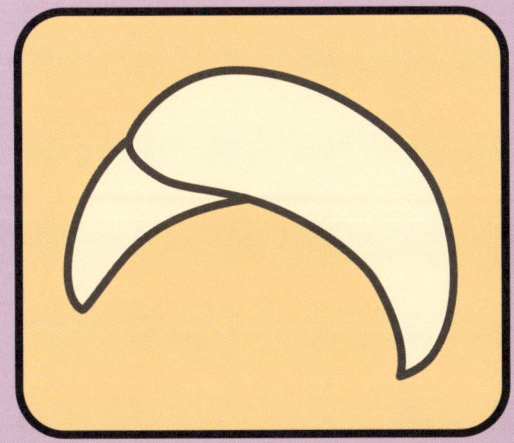

7 신데렐라 미용실 종이놀이북

9 신데렐라 미용실 종이놀이북

코팅지 / 앞면　박스테이프 / 뒷면

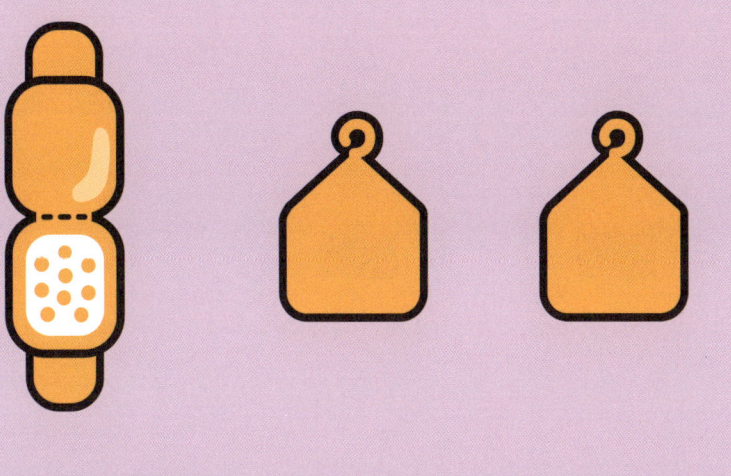

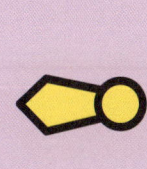

1 선녀와 나무꾼의 목욕탕 종이놀이북

코팅지 / 앞면

213

2 선녀와 나무꾼의 목욕탕 종이놀이북

코팅지 / 앞면

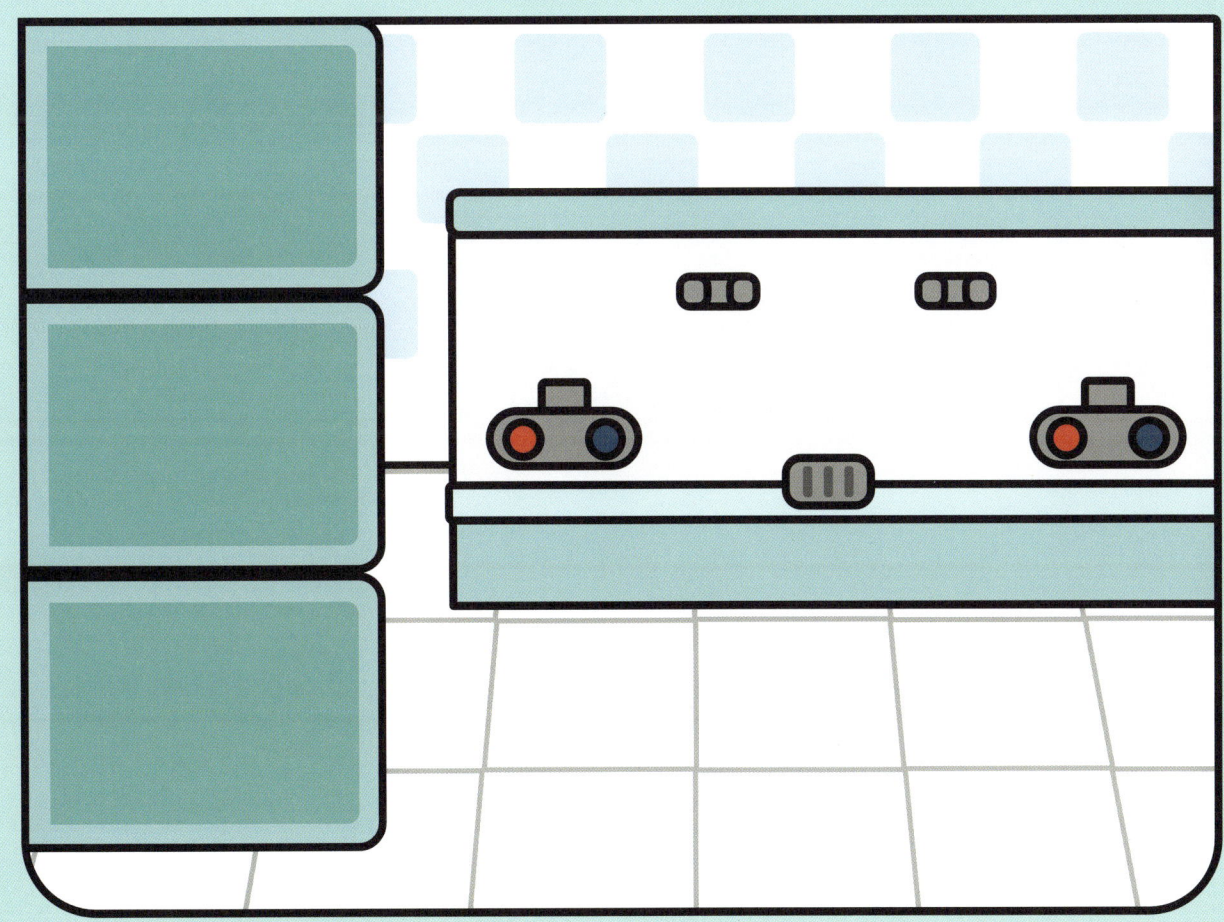

코팅지 / 앞면

216

③ 선녀와 나무꾼의 목욕탕 종이놀이북

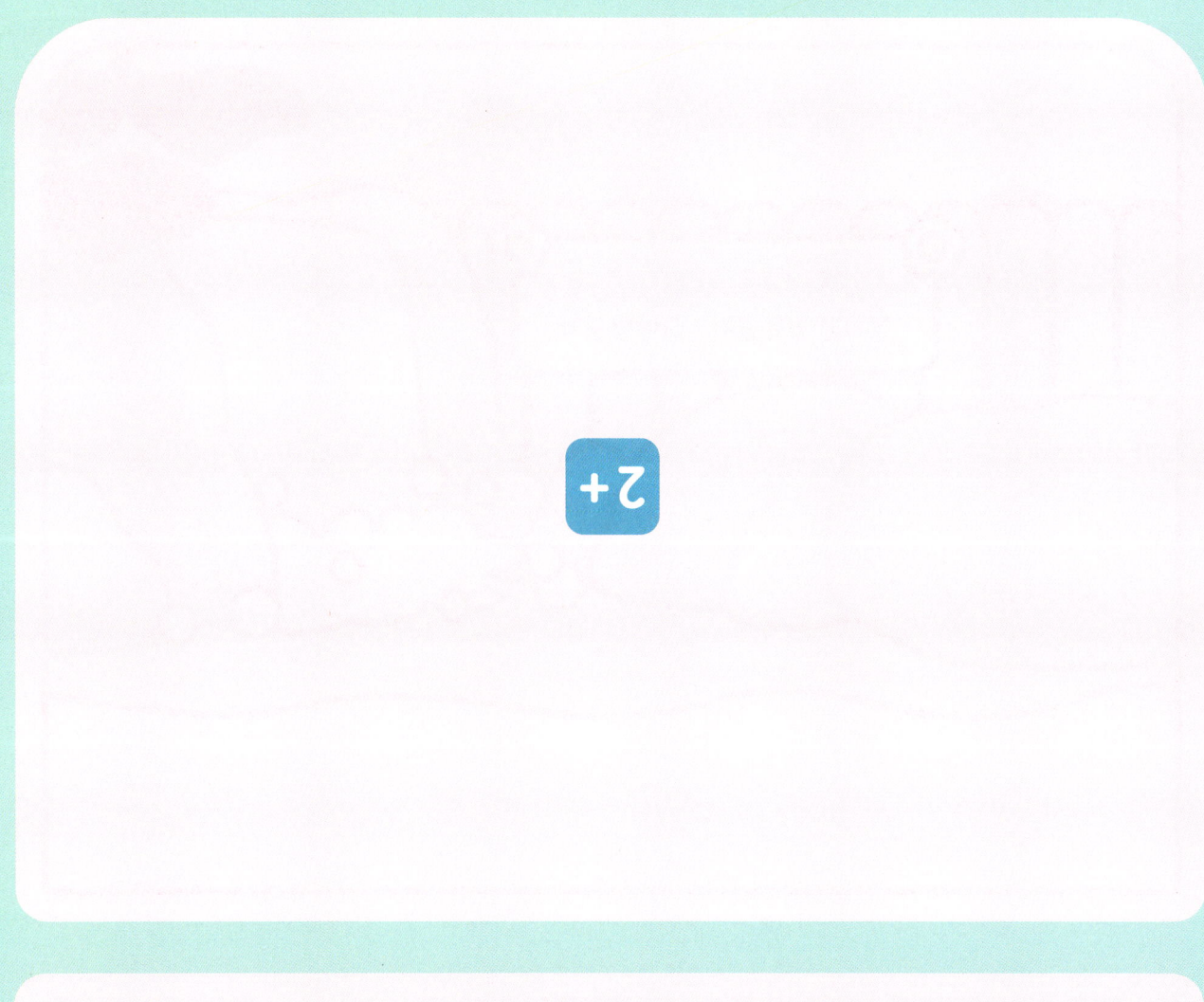

❹ 선녀와 나무꾼의 목욕탕 종이놀이북

코팅지 / 앞면 박스테이프 / 뒷면

6 선녀와 나무꾼의 목욕탕 종이놀이북

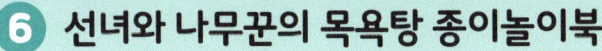